AF422022

RAFAEL HELIODORO VALLE

CRISTÓBAL DE OLID

CONQUISTADOR DE MÉXICO Y HONDURAS

ERANDIQUE

COLECCIÓN

CRISTÓBAL DE OLID, CONQUISTADOR DE MÉXICO Y HONDURAS

RAFAEL HELIODORO VALLE

PREÁMBULO

No fue Cristóbal de Olid el héroe central de una epopeya como la del Anáhuac o el Perú; no dijo discursos elegantes como el que don Antonio de Solís puso en labios de Cortés, ni tomó posesión de un mar como Balboa, ni ganó título de nobleza como Pizarro. Fue, sin embargo, uno de los capitanes que más tierras recorrieron, que más peligros desafiaron, y uno de los más heroicos y generosos, más conquistados por América y más españoles a la vez.

En la galería de los héroes de la España medioeval e imperial están bien instaladas las imágenes de Cortés, Pizarro, Jiménez de Quezada y Balboa; y como si hubieran sido los únicos fulgores de aquella constelación, se diría que los de segunda fila se han ido eclipsando en ese cuadro mural tan rico de individualidades. No segundones sino émulos resultan Olid y Sandoval, Valdivia y Alvarado, González Dávila y Hernando de Soto. Tienen su propia luz, se movieron en sus propios ámbitos, ganaron y todo lo perdieron. En ellos encarna el español guerrero del siglo XV y el caballero que lleva sobre el pecho la llama del Nuevo Mundo.

Todos pelearon a la par, y aunque hubo algunos que siguen siendo impares, sus batallas se consumaron con el heroísmo de los que eran también la sangre viva del pueblo español, su misterio y su grandeza, su cordura y locura, todo lo que España pudo dar en sus grandes días de nación predestinada. Habían sido hechos con materiales humanos que resistían la prueba del agua y el fuego y estaban tallados para la incomodidad.

Eran seres de otro mundo. "¡Cuánto Lope de Vega de la espada!" —dice Blanco Fombona—. Pletóricos de vida, ricos de imaginación, enamorados de lo misterioso, y con "cierta indiferencia hacia el porvenir" (Salvador de Maradiaga). Por una rara alquimia se mezclaron en ellos la codicia y el desprendimiento, el goce eufórico de la vida y el temor a la muerte, el amor a la gloria y al poder, la astucia y la imprudencia.

Pelearon diariamente contra la ociosidad, la tierra dura, los presagios, y también contra la Naturaleza, contra el indio y el español. Abrieron la brecha a los civilizadores que llegaron después.

En ese cuadro la figura de Cristóbal de Olid tiene distinción esclarecida. Sin la ferocidad de Alvarado, sin la perfidia de Pedrarias, Olid toma parte en la conquista de Cuba, el Anáhuac, Michoacán y Honduras. Fue hacia diversos rumbos, en busca de una estrella escondida entre brumas, alucinado y a tientas... No dejó cartas, ni tuvo epígonos, ni le preocuparon el tiempo y la distancia; pero carecía de dotes para el mando.

Era imprudente e insaciable de curiosidad, actor insensible de un drama que nos conmueve aún. Imprevisor, resignado, fabulosamente viril, y uno de los que —como los astros al sol— hacen crecer la mitología de Cortés.

Era joven cuando subió al patíbulo, soportó siempre la áspera vida, en espera de que alguna vez la tendría confortable, y ya era rico para haberse retirado a la calma de su palacio y sus recuerdos, y, sin embargo, la pasión por la aventura nunca le dejó en sosiego, ni pudo resistir una seducción, la del Sur cada vez más distante, el mismo a donde viajan las aves que buscan no se sabe qué y van hacia él con los ojos deslumbrados.

Cortés traicionó a Velásquez, Olid a Cortés, Briones a Olid ¡qué pecado original de la conquista! ¿Y su honor? No sólo era de Dios, sino también del Rey; y por eso todos le invocaban al rebelarse entre sí. Sólo dos temores les unía: el Rey y Dios: y por eso Velásquez, Cortés, Olid y Briones se amparaban en esas dos lealtades al traicionarse. A medida que se les ensanchaba América se sentían reyes de un reino encantado, en que el oro fulgía muy adentro de las sierras y de las utopías, y se iban metiendo en las entrañas de un mundo distinto que les encarceló con su magia, y al adueñarse de él demostraron eso que dice Altamira: la cualidad de asimilación que acaba de traducirse en creación original.

Olid ya no volvió a España, porque aquí le faltaba tiempo para hacer lo suyo, para vivir su vida, derramar su exuberancia. Y en una tierra henchida de fuerzas telúricas, el bravo capitán se quedó para siempre, circunscrito por el imán invisible que había dado cita a varios capitanes: Hernández de Córdova y Hernando de Soto que llegaron del Sur, González Dávila procedente de las islas, Las Casas desde México, Alvarado desde Guatemala, y, por último, Cortés. Sí, todos buscaban el oro; pero también algo más resplandeciente: el paso de las grandes aguas oceánicas, por donde cruzarán para iluminar el mapamundi los hombres de todas las tierras convocando a todas las culturas, iluminando los nuevos sueños.

RAFAEL HELIODORO VALLE

BIBLIOGRAFÍA DE CRISTÓBAL DE OLID

En una de la más andaluzas ciudades que el Guadalquivir baña y decora, en Baeza, la Baecia de los romanos, la Biatria de Tolomeo, la Viesa o la Bayesa de la morería, cuya primera imagen geográfica aparece en Plinio, nació en 1488, Cristóbal de Olid, de Oli, de Olide, de Olite o de Dolid, que tal aparece su apellido en las historias, unido al de una familia de hidalgos, pero más aún a la hazaña española que en el Nuevo Mundo superó a las del mundo antiguo.

DE ANDALUCÍA A CUBA

El solar andaluz. Entre moros y cristianos. San Cristóbal y el Alto
Mar Océano. La media luna en campo azul.

Si fue en Baeza, de la diócesis de Jaén[1], su gentilicio tuvo las más
variadas formas: baezano, baztetano, betiense o vincense. Era Baeza
en el siglo XV, rica de cebada y trigo y vino, pingüe por los jamones
y las carnes, abundante de aguardientes, cebollas dulces y aceites, la
cabeza política y eclesiástica, defendida por los dos órdenes de
murallas antiguas a cuyos flancos se alzaban torreones esbeltos que,
al igual de los de otras ciudades que varias veces pasaron de las manos
de los moros a las de los españoles, quedaron al fin en ruinas.

En ella hubo universidad, templos y palacios, y como en ella se
entrelazaban muchos de los caminos de España, su comercio y su
bullicio le daban un color singular, bajo el cielo de Andalucía, y su
gente era una de las más enamoradas del sol, la risa y la aventura,
desde mucho antes de que la media luna se eclipsara ante el poderío
de la Santa Cruz.

Baeza entre dos valles, con sus fuentes, su tierra feraz, allí cerca
el Guadalimar. (Geografía Moderna de Nicollé Croix, Madrid 1739).

Pero si no fue Baeza su tierra natal, lo fue Linares, en Jaén.

Tres moricas me enamoran en Jaén.

Baeza, a la falda de la Sierra Morena, con sus bosques de encinas
y su pasto para las vacadas (Geografía Moderna de Nicollé Croix,
Madrid 1739), es la suave ciudad en que Antonio Machado dejó volar
su alma hacia los plenilunios.

---

[1] Bernal Díaz dice que en Baeza o en Linares (55, II, 386), y Torquemeda
(117, I 538), y Oviedo y Valdés (60, II, 188).

Desde mi ventana,
¡campo de Baeza,
a la luna clara!
¡Montes y Cazorla,
Aznaití y Magina!
¡de luna y de piedra
también los cachorros
de Sierra Morena!

De todos modos, de Baeza o de Linares, Cristóbal de Olid era andaluz.

Al andaluz
hacerle la cruz;
si es cordobés
con manos y pies;
si es sevillano
con un pie y la mano;
si de Baeza
con manos, pies y cabeza.

Andaluz de sol y de piedra, alegre y duro, Olid se asomaba al Guadalimar para tener bajo sus ojos aventureros el mar, que le llevaría hacia América, el fantasma cuya sombra le golpeaba en el pecho.

"La estructura general de Jaén, antigua residencia de un virrey, o reyezuelo moro, es esencialmente morisca, como debe suponerse. Por todas partes calles estrechas y tortuosas, empedradas con grandes guijarros de ríos, un terreno desigual, fuentes abundantes (porque los moros amaban mucho el agua), casas con azoteas y miradores, galerías de arquitos en forma de herradura, o con troneras muy reducidas, y extrañas y caprichosas construcciones". (Historia de la conquista de México de Ignacio Salazar Olarte, Madrid 1786).

En aquella ciudad, en la que "se hace sentir cierto rigor en los inviernos y los veranos no son tan ardientes como el fondo de la campiña" (El país y los habitantes de México de Leonardo Martín Echeverría), pudo también haber nacido aquel que fue uno de los hijos brillantes de Andalucía, la tierra que "goza de sol espléndido... respira aire sutil" (Retablo español de Ricardo Rojas, Buenos Aires 1938).

Era del linaje de los Olid de Navarra, que tenían en su escudo la media luna de plata en campo azul y al pie de ella una estrella de oro.

El apellido derivaba de la antigua sede de la villa de Olite, en aquel reino, y de la corte de sus reyes; y su nombre era uno de los más populares en las postrimerías de aquel siglo y en todo el XVI: Cristóbal Colón, Cristóbal de Olea, Cristóbal de Oñate, Cristóbal de Guzmán, Cristóbal de Tapia, Cristóbal de Pedraza... La imagen de su santo —un gigante paseándose por el mar de la fabulosa Atlántida— le hizo señas para que atravesara las aguas del Alto Mar océano que desde el mapa de Juan de la Cosa sosiega su cólera bajo la sonrisa del santo.

EL APELLIDO DE OLID

"Sea andaluza o navarra la procedencia de la familia de Cristóbal de Olid, o sea Olid u Olite la forma original del apellido, su valor etimológico me parece siempre el de ′olivar′.

Hay numerosos toponímicos españoles que evocan el cultivo del olivo, clásico en el mundo mediterráneo: recordemos sólo a Oliva (Valencia, Cáceres), Olivares (Sevilla), Olivenza (Badajoz), Oliván (Huesca), Olivar (Oviedo), Olivas (Tuy), Oliveira (Coruña) y el Olivella catalán.

Se pretende que el nombre de la ciudad navarra de Olite sea una contracción de Ologite, ya que así se llamó la ciudad fuerte que mandó a edificar el rey y visigodo Cíntila, a principios del siglo VII. Sin embargo, se me antoja más bien una forma sincopada de Oliveto u Olivete, ya que Olite antiguamente fue conocida también por estos nombres. En apoyo a esta etimología recordaré que una de las principales producciones de la llanura de Olite es el aceite de olivo; en el escudo de armas de la ′Flor de Navarra′ figura precisamente un olivo verde coronado, entre dos leones.

Y que también Olid tenga la misma etimología parece demostrarlo otro toponímico español: Valladolid, latinizado en Vallisoletum, es decir vallis—oletum. Rechazadas las versiones según las cuales Valladolid es un valle de olor o de lides (alusión a las luchas contra los moros) o que procede del árabe Vilad Ulid (tierras de Ulid), evocación del caudillo Ulid Ablapaz, es decir Valid Abul Abbas, muerto a manos del rey Ordoño II en el siglo X, queda la explicación de Oletum como síncopa de olivetum.

Es verdad que Cicerón llama olivetum una heredad plantada de olivos, pero su contemporáneo Catón ya usa, en su De Re Rustica, la forma contraída oletum.

Vallis—oletum corresponde al vulgar Vallad—olid. Es probable que en otros lugares de España el Oletum se volviera Olid en la boca del pueblo, acaso bajo la influencia de la pronunciación árabe, como el Maioritum latín, según algunos autores, se transformó en Madrid.

Cristóbal de Olid: como quien dijera: Cristóbal de Olivar.

Nada se sabe aún sobre sus padres; pero algo se ha podido averiguar sobre su familia en México, y algunos de esos nombres permiten asegurar que lo más probable es que su tierra natal fue Baeza. Mi amigo don Rafael Nieto y Cortadellas me traslada gentilmente algunas impresiones que ha encontrado:

1) María de Olite y don García de Salma, naturales de Olite, fueron padres de Juan de Salma, que pasó en la Armada de Cartagena el 13 de junio de 1534 (4554, tomo I del Catálogo de pasajeros a Indias).

2) María de Olid y Diego Mexía, vecinos de la ciudad de Baeza, fueron padres de Rodrigo Mexía, vecino de Baeza, que obtuvo permiso para pasar a la Nueva España el 27 de agosto de 1536 (asiento 2896, p. 173, tomo II del Catálogo de pasajeros a Indias).

3) Pedro de Olid (otras veces escrito Olite), vizcaíno, "posiblemente sobrino del conquistador", insinúa Nieto y Cortadellas, y su mujer Isabel de Toro, fueron padres de María de Olid y Toro, quien fue bautizada en la parroquia de la Catedral de México el 15 de julio de 1576 (Sección de Inquisición, año 1561, volumen 17, expediente 17 y volumen 223, expediente 735; y año 1572, volumen 225).

4) Juan Bautista de Olid casó en la parroquia del Sagrario de la Catedral de México el 1o. de abril de 1585, con doña Francisca Martínez.[2]

---

[2] Encuentro otro nombre que puede relacionarse con esta genealogía: "Luis Olid de Viedman, natural de Almagro, de cuarenta años a que está en esta tierra ocho o nueve años, es lengua huasteca, porque ha estado siempre proveído en la provincia de Panuco y ha trabajado en ella mucho por ser tierra caliente y trabajosa, reside en Oxitipa". Era clérigo residente

EN TIERRA DE CUBA

Un olivo verde entre el león. La seducción de América. Cómo era Olid. Olas y presentimientos. Un barco frente a Yucatán.

Y esta fuerte, y magnífica, y ágil y bella espada, que fue en el talabarte de Cristóbal de Olid. **—Antonio Mediz Bolio.**

Cristóbal de Olid tenía 30 años cuando pasó a la América, a bordo de una de tantas carabelas que se dirigían hacia Cuba en busca del oro y de las perlas y también de las cosas nuevas y magníficas que podían ser anticipación de la felicidad .

Era gobernador de la isla don Diego de Velásquez, quien desde su hamaca pretendía emprender la conquista de las tierras que estaban al occidente y se imaginaba que le sería fácil atraparlas como fáciles presas con sólo enviar halcones amaestrados que a una de sus señas debían regresar al puño de encajes.

"Si fuera tan sabio y prudente como era de esforzado y valiente por su persona —decía Bernal Díaz hablando de Olid— ansí a pie y a caballo fuera extremado varón; mas no era para mandar sino para ser mandado... y su presencia e altor de buen cuerpo, muy membrudo y grande espalda, bien estallado e era algo rubio e tenía muy buena presentaía en el bozo de abajo siempre como hendido a manera de grieta. En la plática hablaba algo gorda y espantosa y era de buena conversación y tenía otras buenas condiciones de ser franco". (Historia verdadera de la conquista de la Nueva España, México de Bernal Díaz del Castillo).

"Era gentil soldado y hombre de grandes fuerzas. A la hora de su tragedia usaba barba", según Bernal. "Era un Héctor en esfuerzo para combatir persona por persona, y que si como era esforzado tuviera coraje, fuera más temido, más que habría de ser mandado".

"Presumía de valiente, y que le tenía sin armas, recio y de grandes fuerzas. Insigne capitán —le llama Francisco Antonio Lorenzana".

---

en el arzobispado de México, según carta del Arzobispo Moya y Contreras a Felipe II,

(Historia de la conquista de México de Francisco López de Gómora, México, 1943); "gentil soldado y hombre de grandes fuerzas". (Historia general de los hechos de los castellanos en las islas y tierras firme del Mar Océano de Antonio Herrera y Tordesillas, Madrid, 1935).

"Insigne capitán", le llama Francisco Antonio Lorenzana (Historia de la conquista de México de Francisco López de Gómora).

El de 1518, decisivo en la vida de Cristóbal de Olid, fue un año crucial para la conquista de América, porque en él se precipitaron los acontecimientos bajo el tumulto de los marinos y los barcos que entre Santiago de Cuba y el cabo de San Antón merodeaban en busca del oro que fue anunciado en 1502 a Colón por un viejo indio maya a poco de salir de la isla de Pinos.

Cuba era entonces el sitio en que se percibía muy bien el pulso de las olas y los presentimientos; y los bravos jóvenes impetuosos que en ella acechaban el instante de hacerse a la mar reconocían que entre ellos había uno de nariz y olfato de ave marina, ojos avisores que se encendían alucinados ante los crepúsculos bermejos del archipiélago: Cristóbal de Olid, en la plenitud de su querer y de su ambición "era muy capaz de meterse al infierno, seguido de su chusma hambrienta y heroica".

La tierra de Cuba, sonora de luces y de palmeras, con aguas de vidrio verde y quebradizo, visitada por aves raras que desde la Florida hasta Yucatán llegaban con sus mensajes misteriosos, ya no era suficiente, a pesar de las hamacas y de sus indios, para satisfacer las ambiciones de quienes la habían conquistado. Casi a punto de morir bajo el dulce peso de la caña de azúcar y de los soles arduos, aquellos jóvenes candentes se embelesaban oyendo relatos fabulosos sobre las tierras que al occidente acababa de encontrar sin buscarla Francisco Hernández de Córdoba, Juan Ramón Molina en una carta después de 23 días de penosa navegación, procurando atrapar indios para hacerlos esclavos.

Entre aquellos jóvenes llamaba la atención Cristóbal de Olid, como "persona de valía y muy esforzado" y "capitán de mucha opinión, persona muy esforzada y valerosa, recio y membrudo y de muchas fuerzas", que por entonces residía en la villa de Trinidad, después de haber sido paje del gobernador Velásquez y conocedor de la lengua de los indios de Cuba. Al no tener éste noticias de Juan de Grijalva, que había salido hacia las tierras halladas sorpresivamente por Fernández de Córdoba, dispuso enviar en su busca a Olid, con siete soldados, debiendo proseguir la ruta que el descubridor había encontrado.

Salió éste a bordo de una carabela que bien pronto estuvo cerca de la costa de Yucatán, "para saber cómo andaban las cosas". (Colección de Documentos para la historia de México de Joaquín García Icazbalceta).

Y mientras Velásquez se hacía conjeturas sobre el paradero de Grijalva, el barco de Olid, surto cerca de la costa yucateca, fue sorprendido por un recio temporal, y "el piloto que traía mandó cortar los cables y perdió las anclas y tuvo que retornar presuroso a Santiago de Cuba a dar cuenta del desastre al señor gobernador[3].

Velásquez se hallaba muy abatido al no saber el paradero de Grijalva, pero "muy malo estuvo después que lo vio volver (a Olid) sin recaudo"; se hallaba entregado a sus preocupaciones cuando reapareció Pedro de Alvarado ponderándole las nuevas que tenía sobre la riqueza del país. Mientras Velásquez y Alvarado se entregaban a regocijos y fiestas, quedó Olid atisbando la ocasión para hacerse de nuevo a la mar en busca de otra aventura, mientras el viento del Caribe zumbaba en las arboladuras de las naves. Era el mes de junio de 1518 y en la tierra y el mar había un ir y venir de fascinaciones. Casi no dormía bien su siesta don Diego de Velásquez, el serenísimo gobernador, asediado por la presencia de las tierras ricas en oro y por todo lo que Grijalva le había contado al regreso y las preseas que le entregó Alvarado. Después de meditarlo bien y de hacer caso a los consejos de su secretario Andrés de Duero y del

---

[3] "Velásquez despachó el navío y por capitán de él a Cristóbal de Olid, el cual partió con mucha gente, aderezado de armas, artillería y bastimentos; y, no hallando rastro de Grijalva, se volvió". Dijo Grijalva a su gente: "Mi parecer es, salvo el vuestro, que pues Diego de Velásquez no ha enviado a Cristóbal de Olid, como prometió, que debe querer que nos volvamos, y que no poblemos hasta que vea la relación que llevamos". Pero Gonzalo de Ilescas dice que Velásquez envió a Olid en busca de Grijalva "para que le trajese, o, si la tierra descubierta fuese tal, para que poblase allá y comenzase la conquista y descubierta Cozumel tomó posesión de ella y la llamó Santa Cruz". Argensola dice que Olid sí encontró a la armada de Grijalva y que "desde el puerto de Matanzas salieron juntos y que llegaron a Cuba ocho días después, casi al mismo tiempo que Alvarado".

contador Lares, resolvió enviar una nueva armada al mando de Hernán Cortés.

En la cláusula XV de las instrucciones que éste recibió de Velásquez, se le recomendaba que ubicase a Olid y su carabela, si bien se puede comprobar que Cortés "se hizo a la vela cuando ya Grijalva había regresado" (Hernán Cortés de Salvador de Maradiaga, Buenos Aires, 1941).

Velásquez temía que Grijalva u Olid se le hubiesen levantado en armas... Su primera idea al organizar la flota que había de mandar Cortés debió ser sin duda salir al paso de esta posible maniobra, ya de Grijalva, ya de Olid. Pero es evidente que Cortés dio "su negativa tácita a participar en las aventuras de Grijalva y de Olid" y "prefirió reservarse para cuando llegase su hora". (Hernán Cortés de Salvador de Maradiaga, Buenos Aires, 1941).

Se recuerda, por otra parte, que Olid, hombre de edad, como Alvarado, Dávila y Montejo "andaban ya en atrevidas carabelas en Yucatán" y que "bien sabía él (Cortés) qué clase de hombres eran éstos que probaban fortuna en la Rica Isla", agrega Maradiaga-

Más aún: "El regreso de Olid derrotado por el mar y Grijalva derrotado por su propia falta de tesón —dice Maradiaga— avivaron la impaciencia de Cortés".

Y es posible formular esta pregunta: el haber sido postergado Olid para dirigir la empresa de la conquista de México ¿no fue esa la raíz del resentimiento que años después se agudizaría en su traición contra Cortés y su entendimiento con Velásquez?

LA EXPEDICIÓN A MÉXICO

Pregones de Cortés. Un caballo castaño oscuro. La brújula al oeste. Vino, cazabe y alegría. La isla blanca y la isla verde. Santiago repartiendo mandobles.

Hechos todos los preparativos de la expedición, vencidos los escrúpulos y sospechas de Velásquez —que a última hora temía una traición de Cortés— los diez navíos salieron de Santiago de Cuba el 18 de noviembre de 1518, y dieron vuelta hacia el norte, y en la villa de Trinidad les estaban esperando, ansiosos para incorporárseles los más intrépidos jóvenes de la isla, entre ellos los cinco hermanos Alvarado y otros que sabían muy bien montar a caballo como el apóstol Santiago, uno de ellos Olid, "el muy esforzado". (Historia verdadera de la historia de México de Bernal Díaz del Castillo).

Olid, como vecino de la Trinidad, era uno de los que tenían sus estancias de pan cazabe y manadas de puercos, cerca de aquella villa, y cada uno procuró de poner el más bastimento que pudo.

Al pasar por la Habana, ya listos el maíz y la yerba seca para los caballos, se fueron a bordo con éstos, siendo el de Olid un "castaño oscuro, harto bueno", prosigue Díaz del Castillo.

Y cuando a los pocos días Velásquez envió a la Habana órdenes para impedir la marcha de la expedición, tuvieron que echar las cartas para saber por quién se decidían, si por Velásquez o por Cortés, y Olid fue uno de los que, reticencias[4], se puso de parte del segundo, que ya estaba, a pesar de sus coqueteos epistolares, en franca ruptura con el gobernador.

El 10 de febrero de 1519, después de haber oído misa, los nueve barcos se hicieron a la mar por la banda del sur, con rumbo al cabo de San Antón; viraron hacia Cozumel, y bien provisto de cazabe, vino y

---

[4] Sin embargo dice Argensola: "Hernando Cortés aportó en Macaca, a donde se libró con valor de las manos de Alvarado y de las de Olid, que lo quisieron prender, tanto porfió Diego Velásquez". (Historia de México de José Antonio Gay).
Según Gonzalo de Ilescas en De la conquista de México, los quisieron prender, "más él los entendió y se puso en salvo".

alegría, Olid iba al mando de uno de los barcos y de una de las once compañías en que se dividió el ejército.

Recibió de Cortés, como los otros pilotos, las instrucciones "por donde se habían de regir y lo que habrían de hacer, y de noche las señas de los faroles", escribió Díaz del Castillo. Sería largo de contar todo lo que ocurrió hasta que el 4 de marzo abandonaron Cozumel, entre las hostilidades de un vendabal deshecho.

"Y yendo navegado con buen tiempo, revuelve un viento, ya que quería anochecer, tan recio y contrario, que echó cada navío por su parte con harto riesgo de dar en tierra, y quiso Dios que a medianoche aflojó, y desde que amaneció luego se volvieron a juntar todos los navíos" (Historia verdadera de la conquista dela Nueva España de Bernal Díaz del Castillo).

Estaban frente a la desembocadura del Grijalva el 12 de marzo y allí pusieron a prueba su serenidad para sortear las acechanzas de las flechas, y quien más bizarramente las desafiaba era Olid, como lo demostró al ser uno de los trece caballeros que capitaneaba Cortés en el combate de Centla. Iban con pretales de cascabeles los caballos, y Olid movía su lanza, airosamente, a lo largo de una llanura pantanosa. Otro de los trece era nada menos que el futuro conquistador de Guatemala, otro el que sería adelantado de Yucatán, y hasta Ortiz demostró que no es cierto que los músicos sean malos jinetes. De pronto, entre los ayes de los heridos y la alharaca de los tambores y las trompetillas de los indios, se apareció a los moribundos, repartiendo mandobles, el apóstol Santiago. Desde aquel día Cristóbal de Olid sintió que —parodiando el verso de Zorrilla— América se iba ensanchando al paso de su corcel; y sus ojos comenzaron a fijarse, deslumbrados, en las suaves piedras azules que los caciques entregaban como prendas de paz. Oreada la sangre que había corrido en Centla, alzada sobre el altar la imagen de la Virgen María —era Domingo de Ramos en el pueblo de Santa María de la Victoria— los expedicionarios tomaron tregua y entre las cosas gratas que Olid saboreó iban pavos, pescados y frutas, con los que poco a poco iba tomando posesión de la tierra y cambiando su estilo de vida. Siguieron hacia el norte, a lo largo del litoral, y de repente aparecieron, en lontananza, la isla blanca y la isla verde, y fue entonces cuando vibraron los primeros versos bajo el cielo del Anáhuac:

Cata Francia, Montesinos,
Cata París la ciudad,
Çata las aguas del Duero do van a a la mar.

Y yo digo
mirad bien las tierras ricas
y sabeos gobernad.

Cortés, haciendo gala de su ingenio, contestó el desafío: "Denos Dios ventura en armas como al paladín Roldán".

FRENTE A VERACRUZ

El Jueves Santo de 1519. Olid, maestre de campo. Oro del sol y plata de la luna. En el paraíso prometido. Tlaxcala, tierra de pan. En la capital de Moctezuma. Una cacería bulliciosa. Narváez a la vista. El regreso a Tenochtitlán. La noche tenebrosa. Una herida en el muslo. Peripecias de la campaña. Con la cara llena de sangre. El día de San Hipolito. Un banquete en Coyoacán. Chismes y pasquines.

...este famoso capitán que tanto renombre había ganado en el sitio de México y en las importantes comisiones que Cortés le había confiado en Michoacán y otros puntos. **—Lucas Alamán.**

El Jueves Santo de 1519, Cristóbal de Olid se hallaba frente a San Juan de Ulúa, mientras en las gavías de los navíos surtos la luz retozaba con los pájaros. Los embajadores de Moctezuma aparecieron cargados de oro, plata y jade. Cortés, envió al señor que así le recibía la copa de vidrio de Florencia, labrada y dorada, en la que había árboles y escenas de cacería. Olid fue nombrado maestre de campo, y al mismo tiempo fueron elegidos el capitán para las entradas, el alguacil mayor, el tesorero, el contador y el alférez. Doña Marina y Gerónimo de Aguilar eran los intérpretes y el padre Olmedo quien perdonaba los pecados. Poco después, al nombrarse las autoridades del primer Ayuntamiento de la Villa Rica, Olid resultó electo regidor: (Como tal firmó la probanza hecha en "la Nueva España del Mar Océano", a pedimento de Juan Ochoa de Lejalde, en nombre de Cortés, sobre las diligencias que éste hizo para que no se perdiesen el oro y joyas de S. S. Majestades que estaban en la ciudad de

Tenochtitlán. Colección de documentos para la historia de México de Joaquín García Icazbalceta).

Zimpacingo, Cempoala, Ulúa... Estos nombres melódicos enigmáticos escuchó Olid en aquellos días de prueba. Se dio cuenta cabal de las intrigas de Velásquez para desbaratar la expedición; presenció el ir y venir de los embajadores de Moctezuma que le habían entregado, en metales finamente labrados, la imagen de oro del Sol y la de plata de la Luna; y muchas tardes, a la hora del ángelus, su alma se quedaba en suspenso escuchando la palpitación de la campanita que tañía en el real.

Las picaduras de los mosquitos, el calor anonadante, la incomodidad, la ilusión febril le atenaceaban cuerpo y alma, fundiéndoselos en una sola pieza. Y cuanto más arreciaban las intrigas de los partidarios de Velásquez, que deseaban regresar lo más pronto a Cuba, el señor capitán sentía que le horadaba el llamado patético de una tierra vasta, rica, honda de infinito.

Un día tuvo conversación con Cortés, poniéndose de acuerdo con los Alvarado y con Escalante, Lugo, Hernández Portocarrero y Alonso de Ávila, para proclamar a Cortés capitán general y justicia mayor (55, 1:174). Conoció al cacique gordo y ciego de Cempoala, que quería palpar y oír a Quetzalcóat redivivo, a Cortés, el usufructuario de la antigua profecía mexicana. El cacique les recibió en Cempoala con una fiesta rumbosa. Estaban en el país de los totonacos, enemigos de Moctezuma; y, al igual de los otros capitanes, Olid iba de sorpresa en sorpresa. Comenzó a sentir los primeros síntomas de una enfermedad que sólo se curará con el bálsamo del oro; pero también le acariciaba un aire de maravilla, que bajaba desde las altas sierras hasta sus pulmones y le invitaba a subir, como un invisible imán. Estaba en México, tierra misteriosa, con grandes nubes sobre las sienes, con lejanías seductoras que suavizaban como vidrios remotos del ardor de las pupilas entre el resistero.

Los partidarios de Velásquez insistían en la conveniencia de regresar a Cuba, temerosos de haber caído como ratones en una trampa de queso. Olid ya era maestre de campo, y había jurado seguir a Cortés hasta la muerte. A medida que el ejército español pisaba la tierra del Anáhuac, le parecía que el casco y la armadura le quemaban la imaginación. ¿Qué significaba para los astrólogos aquel pez grande que se quedó varado cerca de la costa de la Villa Rica? En el aire caliginoso de Cempoala había grata efusión de flores... y uno de los caballeros alucinados al ver las casas de Villaviciosa, untadas de cal brillante, las creyó de plata maciza...

A media legua de Quiauiztlán, ayudados por los indios, dispusieron levantar, desde los cimientos, una fortaleza. Olid fue uno de los que acarrearon agua y madera e hicieron ladrillos, tejas y tapias (cuenta Bernal Díaz del Castillo en su libro). Olid era uno de los "teules" (dioses) que no sólo manejaba el trueno, el relámpago y el rayo, sino que podía ganarse el pan cazabe y la gallina de la tierra con el trabajo de sus manos mortales. Así fue cómo participó en la construcción de la primera ciudad mexicana, con iglesia, plaza y carnicería.

A dos días de marcha desde Cempoala entraron en Zimpacingo. Fue ahí en donde los aliados cempoaleses intentaron vengarse de viejos agravios; y al oír los argumentos de los cingapacingas que le pedían defenderlos, envió Cortés a Olid, Alvarado y otros soldados para que impidieran el saqueo, lo cual no pudieron evitar porque al presentarse ya se había iniciado ("Mandó Hernando Cortés al Maestre de Campo Cristóbal de Olid, que detuviese a los cempoales, para que no hiciesen mal; y por mucha diligencia que puso, ya rodaban las primeras estancias a donde habían llegado". Historia General de los hechos de los castellanos en las islas y tierra firme del Mar Oceáno de Antonio Herrera y Tordesillas).

De Zimpacingo regresaron a la Villa Rica de la Veracruz. Pocos días después dispuso don Hernando que se trepanaran los barcos y los hundieran para que los partidarios de Velásquez no tuvieran fácil escapatoria. ¿Cómo se llamaba el que había piloteado Olid? ¿Qué sentiría el fiero maestre de campo al verlo doblegarse entre las olas? Atrás quedaba Cuba con sus palmeras y sus blandas hamacas; al frente el paraíso prometido. El 16 de agosto Cortés abandonó Cempoala para dirigirse a la capital de Moctezuma. A medida que iban ascendiendo sentían el efluvio balsámico de la zona templada, el olor de los liquidámbares, la placidez del sol en las tierras alegres, y, cuando menos lo esperaban las primeras rachas del frío, ya en los linderos del altiplano. La imaginación de Olid comenzó a resplandecer en cuanto se le iba dibujando en lontananza la imagen de Tenochtitlán: una ciudad anfibia, con ciudades aledañas, jardines flotantes, guerreros poderosos, aposentos abarrotados de plumas, oros y jades, y las gentes comiendo carne humana en las fiestas religiosas. Mientras tanto iba rumbo a España la carta dirigida al Rey en la que los capitanes —uno de ellos Olid—, le ponderaban las cualidades de Cortés para llevar a término venturoso la expedición, contrarrestando así las intrigas de Velásquez.

Desde Jalapa siguieron este itinerario: Socochima, Tejutla, Zacatlán (¿Socotlán?), Teguacingo... Olid siempre estaba alerta para combatir, pues dormía calzado con las alpargatas, vestido con su armadura, soportando serenamente el granizo y el viento que caía como un látigo desde la sierra; pero la impaciencia por desafiar la ventura ponía a prueba el temple de su alma española. Iban desafiando todas las intemperies y zozobras; pasaban entre pueblos silenciosos, sin encontrar bastimentos; pero cada día les regalaba el talismán de una sorpresa. El enorme lebrel de Francisco Lugo traspasaba con sus alaridos el cendal de las noches calladas y los indios se asomaban a verlo, creyendo que era un tigre o un león. Entretanto, seguían llegando embajadores de Moctezuma, cargados de cosas espléndidas. La intrépida hueste iba, como un ciclón, rumbo a Tlaxcala. El caballo de Olid oteaba, ensillado día y noche, para estar a salvo de un ataque.

El 2 de septiembre fue el primer encuentro con los tlaxcaltecas. Olid se portó tan bien, que no se puede decir si era un tigre o un león. Y como era hombre y temía la muerte, más de una vez se confesó. El 5 de septiembre mientras los guerreros enemigos hacían ondear sus penachos, fue la segunda batalla, entre un estruendo de bocinas y de trompetillas, y en ella Olid tuvo la pena de ver herido a su caballo. En el tercer combate, que fue de noche —porque según los adivinos tlaxcaltecas cuando estaba ausente su padre el Sol, quedaban paralizados, inmóviles— Olid fue herido. ¡Qué emoción sentiría al saber que en Tenochtitlán les estaban esperando para comérselos con salsa picante! Victoriosos, al fin, el 23 de septiembre entraron en Tlaxcala, tierra de pan. Acaso porque estaban sudados y malolientes, los indios acudieron a encontrarles con sahumerios de copal y rosas de la tierra, haciéndoles tres graciosas reverencias. Olid se sentía fuera de la realidad, como un dios hechizado.

—Malinche —exclamó el viejo Xicoténcatl delante de Cortés—, con que más claramente conozcáis el bien que os queremos y deseamos con todo contentaros, nosotros os queremos dar nuestras hijas para que sean vuestras mujeres y hayáis generación con que queremos teneros como hermanos.

Y al siguiente día los viejos caciques reaparecieron llevando cinco doncellas ataviadas, y después de que recibieron las aguas del bautismo en el templo de Oclotelulco, fueron entregadas a Cortés y éste dio una de ellas a Olid. Los cuatro señores de las cuatro cabeceras en Tlaxcala fueron bautizados (En la lámina 8a. del Lienzo de Tlaxcala —en que se dice "Ya se bautizaron los señores" — aparecen tres capitanes), por el P. Juan Díaz, capellán de la armada, y los padrinos fueron Cortés, Olid y Sandoval. "Hubo carreras de caballos, luminarias, comida y regalos" (Historia de Tlaxcala de Diego Muñoz Camargo).

Sellada la paz con Tlaxcala, dispuso Cortés continuar la marcha hasta Tenochtitlán; pero había que detenerse en Cholula. El 13 de octubre las tropas españolas, con sus 100.000 tlaxcaltecas y 500 cempoaleses aliados, avanzaron rumbo a la ciudad enemiga. Con gran prudencia y atendiendo a los deseos de Cholula dio Cortés instrucciones a Pedro de Alvarado y a Olid para que los tlaxcaltecas se acuartelaran fuera de la ciudad y únicamente dejasen entrar a los que llevaban la artillería y a los aliados cempoaleses; "y les dijesen la causa porque se les mandaba era porque todos aquellos caciques papas se temen de ellos" (libro de Bernal Díaz del Castillo).

Cholula les recibió en son de paz, aparentemente. Pero, en medio de zozobras, comenzaron a escasear los víveres; se ausentaron los caciques y tuvo Cortés que redoblar sus precauciones para no caer en una celada. Los espías anunciaron que los de Cholula pretendían matar a los españoles y darse un gran banquete con sus carnes, sal y ají y tomates, pues "ya tenían aparejadas las ollas". Cuando Cortés se convenció de que se había tramado una conspiración, se dio prisa para anticipárseles, ordenando una matanza que duró cinco horas y en la que sucumbieron "más de tres mil hombres2, según su carta a Carlos V.

Los tlaxcaltecas abandonaron el campo y saquearon la ciudad, y entonces "Cortés mandó a Olid, que le trajese todos los capitanes de Tlaxcala para hablarles, y les mandó que le cogiesen toda su gente y que se estuviesen en el campo". No parece que Olid hubiese tomado parte en aquella carnicería, porque estaba fuera de la ciudad refrenando la codicia de los tlaxcaltecas que deseaban algodón, sal y carne humana. Los caciques pidieron la paz y Cortés avanzó el 1º. de noviembre hacia Tenochtitlán, por la ruta de Calpan. Al pasar entre el Popocatépetl y el Ixtaccíhuatl, los españoles se quedaron absortos contemplando a lo lejos la ciudad acuática de Tenochtitlán ("Puede tener esta ciudad de Temisitán más de dos leguas y media, o acaso tres, en circunferencia poco más o menos. La mayor parte de los que la han visto juzgan que tienen sesenta mil habitantes, antes más que menos". El conquistador anónimo), y, como si estuviese presa de un encantamiento, Olid gozó por primera vez el aire de seda y la luz perla de la altiplanicie. En el fondo del paisaje sublime ondulaban los cerros con sus perfiles nítidos, puros, recortándose como para infundir un aliento de paz a los hombres que llegaban del otro lado del mar en busca de nuevas emociones, desafiando el hambre y el frío, la malaria y la muerte.

El 8 de noviembre la invicta hueste y sus aliados se hallaban a las puertas de Tenochtitlán. Uno de los testigos del encuentro espectacular de Moctezuma y Cortés fue Olid y vió al primero descender de su litera, con sus sandalias de suelas de oro, en tanto los príncipes y los súbditos escondían la cara para no ver su rostro de divinidad. Moctezuma se dirigió a Cortés con un discurso —bueno, pero breve— que ha de haber estremecido al andaluz Olid.

Señor nuestro, ni estoy dormido ni soñando; con mis ojos veo vuestra cara y vuestra persona. Días ha que mi corazón estaba mirando aquella parte de donde habéis venido. Habéis salido de entre las nubes y de entre las nieblas, lugar a todos escondido. Esto es por cierto lo que nos dejaron dicho los reyes que pasaron; que habéis de volver a reinar en estos reinos y que habíais de sentaros en vuestro trono y en vuestra silla. Seáis muy bien venido. Trabajos habréis pasado viniendo por tan largos caminos. Descansad ahora. Aquí están vuestra casa y vuestros palacios. Tomadlos y descansad en ellos con todos vuestros capitanes y compañeros que han venido con VOS.

Y después de condecorar a Cortés, echándole al cuello dos collares con camarones de oro — insignias de Quetzalcoatl— aposentó a los turistas heroicos en uno de los palacios de Axayacatl. Aquel día Olid debe haberse sentido, como sus compañeros épicos, en el misterio de una isla desconocida. Nunca había sido hospedado con tanto esplendor. Poco después el anfitrión imperial les ofreció un banquete, en el que el maíz, el pavo, los pescados y las yerbas olorosas aparecieron en espléndida competencia; y todos olvidaron por un momento la sombría amenaza de ser ofrendados, como si fueran codornices, a la gula de Huitzilopochtli

Al siguiente día, 9 de noviembre, Cortés devolvió la visita que Moctezuma les había hecho cuando estaban a los postres del banquete; pero entre los capitanes que les acompañaban no iba Olid.

De seguro se quedó en el palacio en que se aposentaban, redoblando las precauciones que Cortés había recomendado, ya que era preciso estar con la barba sobre el hombro. Tampoco figuró en el séquito de Cortés el día que éste y los otros capitanes visitaron el mercado de la ciudad; ni cuando Moctezuma les enseñó, desde una terraza, el estupendo paisaje de la ciudad lacustre, en "la región más transparente del aire". Ni apareció con don Hernando, en la histórica entrevista en que éste capturó a Moctezuma; una escena de audacia, que estuvo a punto de culminar en puñaladas y en la que el señor del Anáhuac, espeluznado, decidió convertirse en mísero rchén.

Cautivo, sin que se le privara de su atmósfera de opulencia y comodidad, Moctezuma seguía recibiendo las noticias del exterior, y ello facilitaba a Cortés las de Veracruz. Para no hacerle tan monótono el cautiverio, permitió Cortés que, aprovechando la botadura de unos bergantines en el lago, acudiese Moctezuma a una cacería, custodiado por 150 soldados.

Iban en el bergantín más veloz, y "Cortés mandó a Juan Velásquez de León y a Pedro de Alvarado y a Cristóbal de Olid, fuesen con él, y a Alonso de Ávila, con doscientos soldados, que llevasen gran advertencia del cargo que les daba y mirasen por el gran Moctezuma, y como todos estos capitanes que he nombrado eran de sangre en el ojo, metieron todos los soldados que he dicho y cuatro tiros de bronce con toda la pólvora que había con nuestros artilleros que se decían Meza y Arvenga y se hizo un toldo muy emparamentado, según el tiempo, y ahí entró Moctezuma con sus principales, y como en aquella sazón hizo el viento muy fresco y los marineros holgazaban de contentar y agradar a Moctezuma, mareaban las velas, de arte que iban volando, y las canoas en que iban sus monteros y principales quedábanse atrás por muchos remeros que llevaban. Holgábase Moctezuma y decía que era gran maestría lo de las velas y remo todo junto, y llegó al peñol que no era muy lejos y mató toda la caza que quiso de venados y liebres y conejos, y volvió muy contento a la ciudad, y cuando llegábamos cerca de México mandó Pedro de Alvarado y Juan Velásquez de León y los demás capitanes que disparasen la artillería, de que no se holgó mucho Moctezuma...". (Historia verdadera de la conquista de la Nueva España de Bernal Díaz del Castillo).

Un día de abril de 1519, Moctezuma rindió vasallaje a Carlos V, derramando lágrimas en presencia de Cortés, de Olid y de los otros capitanes. Fue una escena digna de perpetuarse en el códice, por obra de uno de aquellos pintores que bajaron hacia el océano de esmeralda cuando vieron por primera vez surcar los palacios flotantes...

Ni tardo, ni mucho menos perezoso, Cortés empezó a tender algunos puentes de su curiosidad hacia la periferia en donde palpaba, con su imaginación, las tierras ricas: al Norte envió al Capitán Pizarro y a la costa de sotavento a Diego de Ordaz. Entretanto Cortés seguía más precavido que nunca, prolongando su larga visita. Puso aparentemente preso durante dos días a Velásquez de León, después del altercado que éste tuvo con el tesorero Gonzalo Mejía, y cuando Moctezuma se percató de que alguien arrastraba cadenas en el aposento vecino, no se daba cuenta de que era Olid quien le vigilaba; y, como los otros carceleros, procuraba agradar y servir al gran señor en desgracia, como si Cortés quisiera adiestrarle en el oficio de vigilar prisioneros.

En largos días de ociosidad forzosa, Moctezuma enseñaba a los blancos algunos juegos aztecas. Tenía casi siempre al mismo Cortés por contrincante. Pedro de Alvarado, Cristóbal de Olid, Velásquez de León y Diego de Ordaz, que iban a visitarlo, presenciaban el juego (Moctezuma II, señor del Anáhuac de Francisco, Monterde).

De súbito, Moctezuma envió un recado a Cortés, acababa de recibir la noticia de que otros españoles, en barcos más numerosos que los suyos, se hallaban frente a Veracruz. Ya no cabía duda: el gobernador Velásquez, venciendo su larga siesta, había resuelto viajar hacia occidente. ¿Era él quien encabezaba la nueva expedición? No, era Pánfilo Narváez, uno de los gordos más confiados. Cortés se presentó ante Moctezuma, acompañado de Olid —que era capitán de la guardia y de otros cuatro capitanes—, y los intérpretes doña Marina y Jerónimo de Aguilar. "Cortés no sabía quién venía por capitán", y bien pronto ofreció a Olid y a todos los capitanes y soldados "grandes dádivas de oro" y que los harían ricos (Historia verdadera de la conquista de la Nueva España de Bernal Díaz del Castillo).

Con la velocidad de una centella, Cortés hizo aprestos para desbaratar a Narváez. No era éste un hombre de peligro, y si bien confiaba demasiado en sus recursos poderosos, le faltaban audacia e imaginación. Sus 880 hombres y 10 ó 12 cañones quedarían pronto anonadados. Cortés salió al encuentro de Narváez el 4 de mayo de 1520, dejando en la capital de Moctezuma al feroz de Alvarado. El día 28, aprovechando el silencio de la tibia noche tropical, Cortés cruzó sigilosamente el río de las chachalacas y ordenó a Olid que embistiese a la artillería de Narváez y que él le guardaría las espaldas; sorprendió a Narváez y sus tropas, desbandó su caballería y se apoderó de él. Cuarenta (300 dice Torquemada, pero no que huían sino que "se hicieron fuertes en un aposento; a los cuales dijo Carrasco que era buena ocasión de dar sobre los de Cortés, porque los que habían jurado estaban sin armas... y aguardaron el día y entonces acudió Cristóbal de Olid, a ofrecerle buen tratamiento de parte de Cortés, de los jinetes de Narváez huían a todo galope y Cortés ordenó a Olid y a Ordaz que salieran a buscarlos y a ganárselos. Los rebeldes gritaban:

—¡Viva el Rey y Diego de Velásquez!

Y así que esto dijeron, Olid les advirtió que harían por fuerza lo que no querrían hacer por voluntad; y entonces se fue a informar a Cortés de lo que ocurría, mientras Carrasco seguía soliviantándoles y la artillería de Cortés se aprestaba a obligarle a que se rindiera. Olid volvió a arengarles; pero ellos reiteraron su vítor:

—¡Viva el Rey y Diego de Velásquez!

A una voz de Cortés, el artillero Meza disparó el primer cañonazo, matando a tres, y así fueron sometidos ("lo que hicieron sin dificultad, probablemente con la ayuda del poder soberano del oro" señala Salvador de Maradiaga en su libro Hernán Cortés). Entre ellos figuraban —¡nada menos—! uno de los mejores amigos de Cortés en Cuba, aquel Andrés de Duero, secretario del gobernador Velásquez, cuya influencia decisiva había logrado el nombramiento de Cortés como jefe de la expedición a México.

Así que Narváez dejó de ser un problema, regresaron a Tenochtitlán el 24 de junio, en donde acaecían sucesos gravísimos: los indios la estaban asediando, enfurecidos por la matanza que Alvarado había hecho en el Templo Mayor, confundiendo una fiesta religiosa con una conspiración. Moctezuma había perdido toda autoridad, y cuando mandó llamar a Cortés para decirle algo, a éste se le hinchó la vena al cuello, la señal inequívoca de su iracundia. Al escuchar sus improperios contra Moctezuma, Olid era uno de los capitanes que le pedía se aplacara.

—¡Y mire cuánto bien y honra nos ha hecho este rey de estas tierras, que es tan bueno que si por él no fuese ya fuéramos muertos y nos habríamos comido, y mire que hasta las hijas le ha dado!

Los mexicanos no daban cuartel a los españoles. Moctezuma fue invitado por Cortés para que saliese a la azotea a calmarles; pero rehusó. Entonces el padre Olmedo y Olid "le hablaron con mucho acato y palabras amorosas" (según el relato de Bernal Díaz del Castilll), y Moctezuma accedió esa vez ("Moctezuma ofreció a Cortés otra hija, más hermosa... Trató de casarla con Cristóbal de Olid, y vino en ello por su hermosura y ser hija de tan gran señor. Holgó de ello el rey y envióle joyas ricas, y siempre le trataba, como deudo". Dice Antonio Herrera y Tordesillas en su obra Historia General de los hechos de los castellanos en las islas y tierra firme del Mar Océano, que cuando Moctezuma le dio su hija holgó de ello el rey, y envióle joyas ricas, y siempre trataba como a deudo". Argensola afirma: "Y le presentó (Moctezuma) otra hija suya, y rehusándola Cortés, por lo que él mismo en otra semejante ocasión le dijo, la casó con Cristóbal de Olid. Bastárale el dote de su extremada hermosura, y el ser hija de tal padre; pero sin embargo la dotó de gran riqueza" y les contestó que ya los mexicanos tenían otro señor y que estaban resueltos a no dejar que los españoles escaparan de Tenochtitlán.

¡Y así creo que todos vosotros habréis de morir!

La noche del 30 de junio, después de que echó las cartas el astrólogo Botello y que formuló advertencias nefastas, Cortés resolvió abandonar la metrópoli azteca. En el silencio de la duermevela comenzó el desfile cauteloso. Iban adelante Gonzalo de Sandoval y Diego de Ordaz; al medio Cortés con Cristóbal de Olid y Alonso de Ávila, con "una capitanía de cien soldados mancebos sueltos para que fuesen entre medias y acudiesen a la parte que más conviene pelear" (Obra de Bernal Díaz del Castillo, anteriormente citada); y a la retaguardia Alvarado y Velásquez de León ("Cuando Cortés preguntó por Alvarado, que iba a la retaguardia, encontró a Olid y le dijo que estaba en peligro", relata Antonio Herrera y Tordesillas). Aquella noche los ojos de tigre herido de Olid cobraron un brillo tremendo.

"Tú, Christobal de Olid, después venías
toda la hispana tropa completando
con cien piqueros, y también blandías
la pica, sus s hileras ordenando,
que aunque anciano en valor sobresalías,
con el buen consejo y en el mando,

siendo con Sandoval el confidente
de Hernán Cortés, y no menos prudente".

(Libro México conquistada de Juan de Escoiquiz).

A la luz del alba, Cortés estaba en Tacuba, viendo a su desastrado ejército. El 10 de junio más allá de Cautitlán, allí fue Octumba. Enjambres de indios volvieron a salirles al paso y tuvieron que multiplicarse repartiendo estocadas y cuchilladas, invocando a Santiago en aquel trance que ya les parecía el final. "Y aunque estaban heridos ellos y sus caballos no dejaban de batallar muy como varones esforzados", relata Bernal Díaz del Castillo.

Cortés, Olid y Gonzalo de Sandoval "andaban a una parte y a otra, y aunque bien heridos rompiendo escuadrones" (relato de Bernal Díaz del Castillo). Olid era uno de los que, gracias a que el campo era llano, "alanceaban a su placer, entrando y saliendo".

Olid, viéndose libre de guerreros
enemigos y dueño del rellano,
coloca en él cuarenta arcabuceros
y un numeroso cuerpo tlascalano
de flechas prevenido, y cien honderos,
para que desde lo alto al mexicano
ejército a su gusto dispararan,
y de la plaza le desalojaran.
(Libro México conquistada de Juan de Escoiquiz).

¡Ea, señores —dijo Cortés—, rompamos con ellos y no quede ninguno de ellos sin herida!

E invocando a Dios y al Apóstol Santiago, seguido de Olid, Sandoval, Ávila y los otros capitanes, rompió las filas del escuadrón mexicano; Juan de Salamanca se apoderó de la bandera del enemigo, haciéndole poner los pies en polvorosa, entre la confusión de los gritos, del oro y la llama de las divisas y los penachos, las pieles de los caballeros águilas y el furor de la sangre. ¡El capitán Olid, resplandeciente de cólera, se había burlado otra vez de la muerte! Aquella batalla, en la que los ojos pecadores de Bernal Díaz no le permitieron ver a Santiago blandiendo la espada, les facilitó el paso hacia Tlaxcala, en donde habrían de tomar nuevos alientos, para resarcirse del desastre.

LA CAMPAÑA DEL VALLE DE MÉXICO
...salió un día de mañana Cristóbal de Olid, que era maestre de campo, a correr la tierra con ciertos españoles, uno de los cuales erades vos. —(La Reina doña Juana a Gonzalo Hernández al concederle escudo de armas).

Cortés empezó a trazar el plan de su campaña sobre el Valle de México, para adueñarse después de la metrópoli azteca. Entre sus capitanes era Olid uno de los más adictos para llevar a feliz término la empresa heroica. Muerto Moctezuma, le había sucedido Cuitláhuac, y a éste —víctima de la viruela— el joven Cuauhtémoc, (el Guatemuz), quien se apresuró a reforzar su frontera, sobre todo la de Guacachula (Quauhuechollan), vecina de Tlaxcala, que no tardó en quejarse ante Cortés por las provocaciones de los mexicanos.

Cortés ordenó a Olid que saliera a guerrear al frente de 300 soldados, entre ellos los mejores que habían figurado en la expedición de Narváez y los más briosos jinetes y ballesteros que tenía a la mano. A poco de haber salido de Segura de la Frontera (Tepeaca) Olid comenzó a recibir los más necios rumores con que los indios asustaban a los de Narváez: que en las casas y los campos había más guerreros mexicanos que en la batalla de Otumba y que con ellos se hallaba el Guatemuz; y como el único deseo que tenía era el de retornar a Cuba, los amedrentados no quisieron seguir a Olid.

—Mire, señor capitán, que no sea peor esta guerra que las pasadas...

Olid escuchaba aquellas lamentaciones cobardes con la misma indiferencia con que vio al agua colársele más allá de la piel en la Noche Triste. No sentía ni hambre ni fatiga, ni mucho menos miedo; pues había estado en tantas escaramuzas, peligros y batallas, que podía dormir de pie, sin cambiarse la ropa, como si descansara entre edredones. Olid oía, sin inmutarse, a pesar de las advertencias que le hacían los de Narváez y aunque trataban de convencerle de que lo que les habían contado no era más que una fábula ingenua, y le daban a entender "que muchos de ellos no querían pasar adelante", él les redargüía que no había por qué regresar a Tepeaca, que eran muy buenos los caballeros y los caballos y "que si volviesen un paso atrás, que los indios los tendrían en poco y que tierra llana era" (crónica de Bernal Díaz del Castillo). Muchos de los leales a Cortés apoyaron decididamente a Olid.

—¡Y mire, señor capitán, que en otras entradas y guerras peligrosas, nos hemos visto! ¡Gracias a Dios en todas hemos tenido victorias!

Después de muchos argumentos y palabras inútiles lograron convencerle de que debían regresar a Cholula para escribir desde ahí a Cortés; pero cuando éste lo supo, se disgustó sobremanera, dispuso enviar a Olid dos ballesteros más, "y le escribió que se maravillaba de su gran esfuerzo y valentía que por palabras de ninguno dejase de ir a una cosa como aquella".

Cuando Olid recibió la carta "hacía bramuras de enojo, y dijo a los que tal le aconsejaron que por su causa había caído en falta; y luego, sin más determinación les mandó que fuesen con él y que el que no quisiese ir que se volviese al real por cobarde, que Cortés le castigaría; y como iba hecho un bravo león de enojo", avanzó hacia Guacachula, en donde los caciques del pueblo le dieron noticias de los mexicanos y de cómo habría de atacarlos y de cómo recibiría ayuda. Hizo avanzar los jinetes, los ballesteros y los infantes, y después de una hora de pelea en la que perecieron dos caballos, derrotó al enemigo relato de Bernal Díaz del Castillo). Los tlaxcaltecas se portaron como correspondía a su bravura y los mexicanos que pudieron escapar se replegaron a Izúcar y cortaron un puente para impedir que Olid avanzara con su caballería. Pero Olid, que "andaba enojado, hecho un tigre", avanzó hacia Izúcar, seguido de todos los que le pudieron seguir, y con la ayuda de los aliados de Guacachula, atravesó el río, atacó y venció. Fue ahí en donde recibió dos heridas —una en el muslo— y perdió dos caballos y le hirieron gravemente el suyo. Los caciques mexicanos y los de otros pueblos se presentaron a pedir la paz, rindiendo vasallaje a Carlos V; y dos días después, ya Izúcar dominada, regresó con todas sus tropas a Segura de la Frontera, en donde Cortés le recibió haciendo gala de su satisfacción.

Olid contestó alegremente los comentarios de quienes celebraban su triunfo, si bien hacían burlas graciosas de la jugada que le hicieron los de Narváez, para que regresase a Cholula (Lo que dice López de Gómara: que por no entender bien Olid a los nahuatlacos e intérpretes se volvía del camino de Guacachula, creyendo que estaban haciendo un doble juego...) riéndose contestaba:

—Más cuidado tienen algunos de sus minas y de Cuba que no de las armas, y juro a Dios que en otra entrada llevaré a nuestros pobres soldados que a los ricos que vinieron con Narváez, que quieren mandar más.

Mientras muchos de los de Narváez tuvieron tuvieron toda suerte de facilidades para volverse a Cuba, continuaba Cortés perfeccionando su plan de campaña para señorear el valle de México. Los espías y los cargadores no se daban tregua, yendo y viniendo. Los hacheros y los carpinteros ya habían comenzado a fabricar los trece bergantines que servirían de eficaces puntos de apoyo para el sitio de la capital. El maíz y las calabazas (ayotl), los frijoles y los pavos (gallinas de la tierra) eran suficientes provisiones de boca. La Campaña iba a tener como cuartel general a Texcoco y el fin primordial de Cortés, antes de atacar la metrópoli mexicana, era el de destruir a todas las poblaciones que pudieran sustentarla.

Al avanzar hacia Texcoco, dispuso Cortés convocar a Olid y a todos los capitanes y el mayor número de soldados para ordenarles que saliesen de unos patios que había en la ciudad y que estuviesen alertas "porque no le parecía que estaba aquella ciudad pacífica hasta ver cómo y de qué manera estaba" (Bernal Díaz del Castillo). Poco después hizo que Olid y Alvarado, en compañía de algunos soldados y 20 escopeteros subiesen a un alto templo y desde la cima divisaran el lago y la ciudad. La maniobra permitió darse cuenta de que los habitantes de Texcoco, llevándose sus familias, sus enseres y utensilios, huían en las canoas o se refugiaban en los montes.

Al día siguiente Cortés entró en Texcoco, permaneciendo doce días, mientras avanzaba rumbo a Ixtapalapa, en compañía de Olid y de Alvarado. Como los tlaxcaltecas ardían en gana de pelear con los mexicanos, Cortés dispuso que Olid, como capitán general y Andrés de Tapia, marchasen hacia Ixtapalapa acompañados de 13 jinetes, 6 escopeteros, 20 ballesteros y 200 soldados, además de veinte principales de Texcoco que eran parientes del cacique y enemigos del Guatemuz. Ixtapalapa —ciudad lacustre— era célebre por sus terrazas y jardines, y estaba lista para defenderse, ya que el Guatemuz había enviado en su socorro 8,000 combatientes. En la primera arremetida, se defendió muy bien; pero la caballería, los escopeteros y los ballesteros, más los tlaxcaltecas enfurecidos, rompieron todos los obstáculos y entraron en ella. Aquel era el fruto de un ardid de los defensores. Olid era a la vez un tigre y un león.

Los de Ixtapalapa fingieron huir en sus canoas, hacia los carrizales, y aprovechando la oscuridad de la noche, se llamaron a silencio, dejando que los atacantes se apoderaran de la tierra firme, y, de pronto, cuando éstos se creían victoriosos, sintieron que el agua se desbordaba. Era que habían abierto las acequias y provocado la inundación. En medio de aquella escena espantosa, los aliados daban voces de salvamento. Olid se vió en peor apuro que durante la Noche Triste, porque bien pudo ahogarse; y casi agobiado por el frío, el hambre y las ropas ensopadas, regresó con su gente a Texcoco, mientras los defensores de Ixtapalapa se burlaban de ellos con silbidos y gritos desaforados desde las terrazas y las canoas .

Dos días después se presentaron en Texcoco los emisarios de Otumba y de Mexquique; y estaba Cortés dando las gracias a los del segundo, cuando tuvo noticia de que cuatro pueblos, uno de ellos Huejotla (Guaxuntlan) urgió que le dieran socorro contra una avalancha de guerreros mexicanos. Cortés encabezó 20 jinetes, 13 ballesteros, 10 escopeteros y 200 soldados, haciéndose acompañar de Olid y de Alvarado, que eran los dos capitanes que más habían ganado su confianza; pero después de una escaramuza, los agresores huyeron en sus canoas. Como el camino de Veracruz no estaba bien seguro, Cortés decidió que Olid lo resguardara y para ello envió a Juan Rodríguez de Villafuerte, Juan Sedeño y Alonso de Mata con 200 soldados, 10 caballos y muchos indios.

En aquella expedición pudieron constatar que éstos estaban alzados, y tales hambres padecieron que "ni aun perros hallaron que comer", y, tuvieron que pelear durante la campaña de treinta días, al fin de los cuales regresaron a Tepeaca, incorporándose a Cortés. En el ataque a Xaltocan, también Olid y Alvarado acompañaron a Cortés, y así que Martín López y sus carpinteros echaron al agua los trece bergantines, en la ceremonia en que los bendijo el padre Olmedo, se quedaron Cortés, Alvarado y Olid cuidándolos en Texcoco. El renombre de éste, por su intrepidez, su calidad humana, sonaba a lo largo del círculo de pueblos vencidos que se iba cerrando en torno de Tenochtitlán. Todos los capitanes y los soldados estaban de acuerdo en que— además de Cortés— los primeros en soportar las vicisitudes de la guerra y batirse en la primera fila era Olid, Alvarado y Sandoval (En la lámina 6 del Lienzo de Tlaxcala: Quitlaqualmaque. Aparecen

Cortés con Marina, los indios con tributos y a la derecha dos capitanes, uno de ellos sólo enseña el brazo y el caballo; y el otro, con fondo escénico de lanzas ¿Será Olid?).

Jinete a toda prueba, con la alegría blindada de hierro, burlador de peligros, silenciosos entre las privaciones más duras, nunca Olid conoció el desmayo y peleaba de una sola pieza, bajo el sol o bajo de luna. Su temeridad tenía contados émulos; y era de verle empinarse sobre el caballo, al desafiar la ira de las flechas y las obsidianas agudas, sin que el cansancio le abatiera.

Olid acudió a la defensa de Chalco; estuvo a punto de sucumbir con Andrés de Tapia, al quebrarse un puente en los aledaños de Cuernavaca; y en uno de los combates más cruentos, para adueñarse de Xochimilco se le vió con la cara llena de sangre y herido el caballo, y en más de una noche de ronda —¡ah, de la vela!— estaba al lado de Cortés, jugándose la vida como en un juego de naipes. De repente apareció batiéndose, camino de Tacuba. Olid treinta jinetes valerosos ligero hacia Tacuba va guiando, con cuarenta mil indios belicosos, ciento y sesenta infantes agregando hispanos y dos piezas de campaña. (México conquistada de Juan de Escoiquiz).

Fue en Texcoco en donde Cortés dió noticia a Olid y a los otros capitanes sobre la conspiración de Antonio Villafaña, quien pretendía matarle, y en el proceso Olid fue uno de los jueces que condenarían a la horca al conspirador. Eran los días morados de la Pascua, y ya no cesaba, ni de noche ni de día, el ronco alarido —horadador del sueño— del caracol de guerra.

Decidido Cortés a poner cerco a Tenochtitlán, el Martes Santo dividió el ejército en tres capitanías, dándoles a Alvarado por jefe. Una era la de Gonzalo de Sandoval y la tercera la de Olid, quien tendría bajo su mando 33 jinetes, 160 peones de espada y rodela y 18 escopeteros y ballesteros, más 20,000 (Bernal Díaz dice que eran 8,000 tlaxcaltecas; y Torquemada que cerca de 30.000) aliados poniendo a sus órdenes a los capitanes Andrés de Tapia, Francisco Verdugo y Francisco de Lugo, "y le mandó que fuese a sentar su real en la ciudad de Coyoacán".

Mientras Alvarado se acuarteló en Tacuba, Olid se marchó para Coyoacán, encontrándola despoblada, aposentándose en las casas del cacique; y al siguiente día fueron a echar una visita a la calzada que conducía a Tenochtitlán, "con hasta de veinte de a caballo y algunos ballesteros y con 667,000 indios (tlaxcaltecas), y hallaron muy apercibidos los contrarios, y rota la calzada y hechas muchas albarradas, y pelearon con ellos, y los ballesteros hirieron y mataron algunos; y esto continuaron seis o siete días, que en cada uno de ellos hubo muchos reencuentros y escaramuzas".

El 13 de mayo de 1521 Olid y Alvarado, se dirigieron por el mismo camino, al frente de sus tropas, rumbo al pueblo de Acolman, cerca de Texcoco. Parece que Olid se adelantó a tomar posada y en las azoteas de las casas que había escogido para los suyos mandó a poner ramos verdes en señal de posesión, de modo que cuando llegó

Alvarado encontró que no tenía en donde acuartelarse. Los de Alvarado, no pudiendo reprimir su disgusto, echaron mano de las armas contra los de Olid; y ambos capitanes se desafiaron, sin que la sangre llegara al río, porque no faltaron mediadores que sosegaran los ánimos. Al saberlo, Cortés envió urgentemente a Fray Pedro de Melgarejo —el fraile que había llegado pocos días antes vendiendo las bulas de la Santa Cruzada— y el capitán Luis Marín. Escribió a los dos capitanes reprendiéndoles por el altercado y al llegar los dos pacificadores no fue difícil reconciliar a los disidentes; "mas desde allí adelante no se llevaron bien Alvarado y Olid". (Bernal Díaz del Castillo).

Al día siguiente pernoctaron en Cuautitlán y siguieron hasta Tenayuca, Atzcapotzalco y Tacuba, en donde dijo misa el padre Juan Díaz y poco después ambos capitanes acordaron cortar el acueducto de Chapultepec, entre la lluvia de piedras y flechas de los indios. El asedio de Tenochtitlán había comenzado. Olid se marchó hacia Coyocán, a pesar de los ruegos de Alvarado, quien se oponía a que se separasen, y echaba a éste la culpa de haber entrado en Tacuba "desconsiderablemente". Un día apareció Cortés en el real de Olid y le dejó seis de los bergantines. No había tiempo para quitarse las armaduras ni mucho menos para dormir: Cortés decidió emprender el asalto de la ciudad irreductible, una vez que pudo rodearla de pueblos vencidos y tener numerosos puntos de apoyo en el agua. Para ello comenzó por atacar, en unión de Olid y de Alvarado, hacia el acueducto de Chapultepec. Una vez logrado aquel propósito Olid regresó a su cuartel en Coyoacán; pero al día siguiente salió con veinte jinetes, algunos ballesteros y 7,000 tlaxcaltecas, a visitar la calzada que iba de Ixtapalapa a Tenochtitlán; y encontró que los indios estaban alertas, la calzada rota, muchas trincheras erguidas; hubo que pelear durante siete días; "y una noche llegaron a gritar ciertos mexicanos, sobre los centinelas de los castellanos; tocaron alarma; salieron a ellos, y no hallaron a nadie; pero estúvose con gran cuidado".

Tenochtitlán tenía que sucumbir, a pesar de su resistencia asombrosa, en medio de los combates en que se agudizaban los alaridos de quienes habían capturado algún español para desollarlo vivo en el ara del dios sanguinario. El poeta ha evocado una escena de aquellos días de estrépito y de sangre.

Cortés. ¿No hay ninguna novedad?

Olid. La gente muy cansada, y muchos sordos de tanto estruendo; pero según barrunto el sitio ha concluido y le doy la enhorabuena a vuestra merced. ¿Cómo está vuestra merced de la pierna?

Cortés (Aliviado). La herida fue poca cosa. A propósito del Huichilobos, en uno de nuestros asaltos a la ciudad le arranqué esta máscara.

Alvarado: De oro macizo.

Olid: Sus ojos son dos esmeraldas.

Cuauhtémoc se multiplicaba y con gran ánimo seguía defendiendo la ciudad. En cierta ocasión estaba muy atareado, armando canoas, introduciendo bastimentos, alzando puentes, cuando fue atacado por Olid en su cuartel. Los mexicanos se enfurecieron y les amenazaron con que su sangre serviría para aplacar a sus dioses y les arrojaban piernas y brazos de los españoles que habían subido a la piedra de los sacrificios. Otro día, hallándose Olid en Coyoacán, la lanza en ristre hasta en la duermevela y el ojo puesto en "lo que pasaba en la laguna", dispuso recorrer la calzada, "llevando por agua casi en conserva los bergantines", y cuando se hallaban en las primeras trincheras del fuerte de Xolotl mandó disparar cuatro veces una pieza grande de artillería, los indios se apoderaron de ella, y alentados por su hazaña aparecieron muchas canoas que, no pudiendo resistir el empuje de los bergantines, huyeron a todo escape, dejando muchos muertos y ahogados. En seguida avanzó Olid hacia Huitzillan, en donde el enemigo se había atrincherado mejor; pero con la ayuda de los tlaxcaltecas fue también derrotado.

Cortés ofreció la paz a Cuauhtémoc; y éste amenazaba con dar muerte a quien le hablara de rendición. Por orden suya las cabezas de los españoles sacrificados eran paseadas, entre gran vocerío, a la vista de los sitiadores. Y como gritaban los mexicanos que aquellas eran las cabezas de Alvarado y de Sandoval, Cortés dispuso —sacudido de emoción— dejar a Olid el mando y que Tapia fuese a Tacuba para conocer la verdad. Peleaban hasta los mancos y los cojos; y eran muchos los defensores de la ciudad que "estimaban a Olid en mucho como a un hombre muy valiente, y como le llamaron una vez por su nombre, le preguntaron que si deseaba comer, a lo cual respondió que sí. Uno de los mexicanos apareció de pronto con tortillas y cerezas dando a entender que no les faltaba comida".

No había tregua ni miedo. Cuando nadie lo esperaba, en una de las refriegas más violentas, Cortés se vió rodeado por más de cien guerrilleros indios, y pudo escapar de ellos gracias a que Olid y Martín de Gamboa atacaron con ímpetu y le rescataron (Monarquía indiana de Juan Torquemada).

El 28 de junio Cortés ordenó el asalto general. Se peleaba día y noche. Por todos lados los cadáveres en putrefacción, las casas humeantes, los hedores de la peste los hombres y las mujeres famélicos que apenas podían llevar las armas y rehusaban rendirse. De pronto se escuchó:

—Os tenemos por Hijos del Sol y el Sol en tanta brevedad como es un día y una noche da vuelta a todo el mundo. ¿Por qué así brevemente no acabáis de matarnos, quitándonos de penar tanto, pues que tenemos deseos de morir?

En el cielo del Anáhuac brilló sombríamente la luz del 13 de agosto de 1521. Tenochtitlán se doblegó al fin, ante el poderío de los "dioses" de ojos azules y carne de hierro. Olid presenciaba aquel cuadro lívido, mientras en el agua —según López Velarde— se echaban "los ídolos a nado". No se habían apagado los ayes de los moribundos de la última batalla, no se había oreado la sangre humana en los festines de Huitzilopochtli; y aun vibraban los corazones de los vencedores dando "muchas gracias a Dios Nuestro Señor y a su bendita Madre Nuestra Señora", cuando resolvió Cortés que la victoria fuese celebrada con "un banquete en Coyoacán por alegría de haberla ganado".

En aquel banquete estuvieron, como era natural, Olid y todos los capitanes y soldados. Había algunos puercos para aderezarlos y buen vino recién llegado para enardecerse..., "y cuando fuimos al banquete no había asientos ni mesas puestas para la tercia parte de los soldados y capitanes que fuimos, y hubo mucho desconcierto, y valiera más que no se hiciera aquel banquete por muchas cosas no muy buenas que en él acaecieron" (Bernal Díaz del Castillo)… "y también porque esta planta de Noé hizo a algunos hacer desatinos, y hombres hubo en él que anduvieran sobre las mesas después de haber comido que no acertaban a salir al patio; otros decían que habían de comprar caballos con sillas de oro... Pues ya que habían alzado las mesas salieron a danzar las damas que había con los galones cargados con sus armas de algodón, que me parece era cosa que si se mira en ello es cosa de reír" (Monarquía indiana de Juan Torquemada).

Para enardecer los colores de la escena, uno de los cronistas de la ciudad de México añade: "Con largas tablas se improvisaron mesas llenándose con ellas todo el blanco aposento; los asientos, que fueron numerosos, se labraron con basta tosquedad y apenas se pudieron hacer cuatro rudos sillones que ocuparon Cortés, Pedro de Alvarado, Cristóbal de Olid y Gonzalo de Sandoval. La vajilla, roja y olorosa, era de barro de las fábricas de Cuautitlán" (La orgía de la victoria por Artemio de Valle Arizpe en El Universal, México, 13 de noviembre 1927). El padre Olmedo se escandalizó al conocer aquella noticia.

Mientras Cortés dirigía la construcción de la nueva capital, se apresuró a poner a considerable distancia a muchos de los capitanes. Tenía que evitar que en la ociosidad fermentara el desorden o surgiese la menuda ambición. Le sobraban pretextos para alejar a los que pudieran convertirse en levantiscos o en una rémora para modificar su empresa: había que explorar tierras, buscar minas y rutas, y hallar nuevo ámbito para las hazañas. Hacia las costas del Golfo salió Gonzalo de Sandoval; en busca de la Mar del Sur, Juan Álvarez Chico; hacia Oaxaca, Francisco de Orozco; Diego de Tapia descubrió las minas de San Luis Potosí; y el mismo Cortés fue a la comarca de Pánuco.

El oro y la plata no aparecieron con sólo desearlos; y fue tan precario el botín, al día siguiente de la toma de Tenochtitlán, que "el fraile de la Merced, Pedro de Alvarado, Cristóbal de Olid y otros capitanes dijeron a Cortés que pues había poco oro, que lo que cabía de parte a todos los que se los diesen y repartiesen a los que quedaron cojos, mancos y ciegos y tuertos y sordos...; y esto que le dijeron a Cortés fue sobre cosa pensada creyendo que nos diera más que las partes, porque había muchas sospechas que lo tenía escondido todo (el oro) y que (mandó a) Guatemuz que dijese (que) no tenía ninguno. Y lo que Cortés respondió fue que vería a ver a cómo saldríamos y que a todo pondría remedio".

Chismes y pasquines hacían ronda en torno de Cortés. Aquellos que con Olid habían allegado recursos para la expedición a México tenían que resarcirse en la primera oportunidad y de momento fingían estar conformes. Cortés envió a Olid hacia Michoacán.

(Francisco de Orduña declaró que oyó decir a muchas personas "que el dicho D. Fernando Cortés estando en Coyoacán armó caballeros a Gonzalo de Sandoval y a Cristóbal de Olid ya Cristóbal Corral haciendo con ellos las ceremonias y actos que se suelen hacer"; agregó que porque Olid "que era teniente porque no quiso firmar un poder contra Cristóbal de Tapia que no le recibiesc le quitó teniente y le trató mal el dicho Cortés". Sumario de Cortés).

Por aquellos días Olid acababa de contraer matrimonio con la "moza y hermosa" portuguesa doña Felipa de Arauz o Sarauz (Tuvo ¿con ella? a doña Antonia, que tenía tierra junto al Río de Tacuba. En la "Relación de los hierros de vacas y ovejas formadas por el cabildo en 1531" se dice: "María de Arabio por su nieta, hija de Cristóbal de Olid, presentó un hierro de ovejas de la dicha su nieta de esta manera..."), que estaba recién llegada a España. El sur seguía haciendo espléndidas señales; la Mar del Sur, el oro del Sur, y aquel rey[5].

---

[5] (Tzimtzicha, llamado también Cazonzi, Calzoncin, Caltzonci, Calcatoztin, Tangaxoán II, Tangaxhai o Tangashuani. "Caltzonci" quiere decir el señor, el rey, de modo que en Michoacán hubo varios "Caltzoncís". "Cactzontzin", de cactli, sandalia, zapato y de tzontli, cabeza para significar talón. De donde concluye Brasseur que queria decir "zapato viejo". Al bautizarse recibió el nombre de don Francisco Caltzonzi, y más tarde pereció atormentado bárbaramente por orden de Nuño de Guzmán, en 1529).

LA CONQUISTA DE MICHOACÁN

La hermosa doña Felipa. Michoacán entre brumas. Don Pedro Kbuinángari. Saqueo de tumbas y de altares. Tzintzuntzan, tierra de colibríes. El desastre de Colima.

...entonces Tzintzicha —llamado despectivamente por los mexicanos Caltzoncin, "sandalia vieja"—, gobernada en Tzintzuntzan; espontáneamente se rindió a Cortés, a las gentes de Olid. —Salvador Toscano.

Cortés tenía noticias seductoras sobre aquella tierra, desde la primera entrada del soldado Villadiego (1521); luego por el soldado Parrillas, "a quien solía enviar para proveer de gallinas (de la tierra, es decir pavos), al ejército, llevados de los moradores del pueblo de Matlalzingo" (Crónica de Michoacán de Pablo Beaumont) y llegó a Tajimaroa el 23 de diciembre de 1522; y más tarde por el alférez Montaño, a quien acompañaron tres españoles, 20 señores mexicanos, un intérprete que era ducho en mexicano, tarasco y otomí y un bravo lebrel, que pertenecía al soldado Peñaloza.

Al regreso de Michoacán los expedicionarios que capitaneaba Montaño y que habían llegado hasta Tzintzuntzan, volvieron con los embajadores del Caltzoncí y asombrados por todo lo que habían visto. Contaron a Cortés las excelencias de aquella tierra. Había muchos pueblos, muchas cosas de buen comer y de vestir, finos calzados de cuero de venado, sillas bien labradas, esteras y mantas blancas y costosas, diestros cazadores, adoratorios desde los cuales se levantaba en las fiestas "la gran algazara de sus instrumentos músicos, con continuos bailes y danzas de noche y de día, acompañados de canciones tan tristes que parecían del infierno". Aquella tierra aparecía en la imaginación extremeña de don Hernando, como un nuevo imperio por conquistar, y en la que también había lagos e islas como en el Anáhuac, pero además unos pinares y unos cielos que caían suavemente hacia el mar.

Olid ("Un capitán", dice Cortés, en lugar de decir Olid) iba al frente de 70 jinetes y 200 peones bien aderezados (Bernal Díaz dice que eran cuarenta jinetes y cien infantes). Le acompañaban buenos guías. Salió de Coyoacán un día de julio de 1522, siguió por las orillas del río Lerma y parece que fue de allí a Toluca, Ixtlahuaca, Maravatío, Zitácuaro y Tajimaroa (hoy Ciudad Hidalgo) para hacer alto en Tzintzuntzan (Huitzizila o "tierra de colibríes") en donde estaban el palacio de Tzimtzicha y su ejército. Allí debía de ver "toda la dicha provincia y secretos de ella, y si tal fuese, que poblase en la ciudad principal" y establecerse si le pareciese conveniente. Aquella fue la primera entrada formal de los españoles en el valle de Toluca, el país de los matlazincas, que era uno de los colindantes del señorío purépecha. Hacia el 17 de julio Olid estaba en Tajimaroa —"era por la fiesta de Cabora cosquaro"—.

El Caltzoncí recibió la noticia de que iban hacia él 200 españoles, teniendo por capitán a Olid. Uno de los leales al cacique, su hermano Don Pedro Cuiniarangari, que iba en compañía del guerrero Nuzindirí, llegó a Tajimaroa convocando a la gente para resistir. No tardó Olid en salirle al encuentro; "y a la primera descarga de los arcabuces huyeron los tarascos".

Don Pedro fue capturado y tratado "con toda la consideración debida a su rango", y al siguiente día "le llevaron ante Olid y por medio del intérprete Xanaqua —que sabía tarasco, mexicano y español— pudo darse cuenta de que había gran discordia en la Corte de Michoacán. Le puso en libertad, le colmó de presentes y le preguntó:

—¿De dónde vienes?

—El Caltzoncí me envía.

—¿Qué te dijo?

—Llamóme y me dijo: "Ve a recibir a los dioses (así llamaban a los españoles) a ver si es verdad que vienen; quizá es mentira, quizá no llegaron sino hasta el río y se tornaron por el tiempo que hace de aguas. Velo a ver y házmelo saber, y si son venidos que se vengan de largo hasta la ciudad". Esto es lo que me dijo.

—Mientes en esto que has dicho —respondió Olid—. No es así, mas nos queréis matar, ya os habéis juntado todos para darnos guerra; vengan presto si nos han de matar o quizá yo los mataré a ellos con mi gente de México.

—No es así. ¿Por qué no te lo dijera yo?

—Bien está si es así como dices. Tórnate a la ciudad y venga el Caltzoncí con algún presente y sálgame a recibir en algún lugar llamado Guangaseo, que está cerca de Matlalcingo, y traiga mantas de las ricas, de las que se llaman cazangari y curice y Zizupa y Echereatancata y otras mantas delgadas y gallinas, huevos y pescado de los que se llaman zuecepu y acumarami y Vrapeti y Thira y patos. Tráigalo todo a aquel lugar. No deje de cumplir y no quiebre mis palabras.

—Bien está —fue la respuesta de don Pedro. Yo se lo quiero ir a decir.

—Dí al Caltzoncí que no haya miedo, que no le haremos mal.

Así que fueron ahorcados dos indios de México, "porque habían quemado unas cercas de leña que tenían en los cúes (templos) de Tajimaroa", los españoles oyeron misa y pasada la ceremonia Olid llamó a cinco mexicanos y cinco otomíes y les dijo que acompañaran a don Pedro. Llegaron a Vasmao, tres leguas antes de Matlalzingo y después se encontraron dos ejércitos, cada uno de 8,000 hombres de Indaparapeo y en Hetuquaro.

Don Pedro se presentó al Caltzoncí y le tranquilizó contándole que los españoles no iban en son de guerra, ponderándole "la fuerza de los caballos y el valor de los castellanos". Hubo largas deliberaciones de caciques a fin de tomar una decisión; alguien sugirió que el rey debería suicidarse o arrojarse a un lago. El rey, aterrorizado, disolvió el consejo. Aquella noche después de ordenar que se apagaran todas las luces, salió por una puerta secreta del palacio y se embarcó en compañía de sus hijos y alguna de su mujeres, entró en las montañas de Vayámio y después de hacer correr la voz de que se había ahogado, se trasladó a Uruapan. Al tener aquella noticia, Olid dijo.

—Bien está, bien estabámos, que llegar tenemos a la ciudad.

Cansado de esperar a don Pedro, salió a marchas forzadas rumbo a Tzintzuntzan. Para obtener la ayuda de los dioses, los tarascos habían sacrificado 800 cautivos a la diosa Xaratanga. La opinión continuaba dividida: unos decían que había que pelear; otros que era mejor recibir como amigo al invasor. Triunfaron los segundos, pues Olid fue recibido, saliendo a su encuentro don Pedro y su hermano Huitzizilzi, con gentes de guerra, y en otro pueblo trazaron una raya diciéndoles que no dieran un paso más.

—¿Nos vienen a matar?

— No os queremos matar —dijo Olid—. Veníos de largo aquí a donde estamos. Quizá vosotros nos queréis dar guerra.

—¡No queremos!

—Pues dejad los arcos y las flechas y venid donde nosotros estamos.

Todos los señores recibieron bien a Olid y sus tropas, les abrazaron a todos, y al pasar por Pátzcuaro, (La ciudad de Pátzcuaro pobló Cristóbal de Olid por comisión del Marqués del Valle, año de mil quinientos veinticuatro, está cuarenta y cinco leguas de México Relación de varios pueblos de Nueva España, expresando cuándo y por quién fueron algunos poblados, los grados en que se hallan situados y número de habitantes), como las mujeres habían huido, "los varones molían en las piedras para hacer pan para los españoles". Les proveían de todo los necesario. Olid entró en el palacio del rey y rápidamente ordenó que las tropas se posesionaran de los cinco templos principales y comenzaron a derribar los ídolos, incendiando los santuarios.

El pavor de los indios rayó en la desesperación cuando vieron que rodaba la imagen de Curicaveri, "ël mensajero de los dioses". En medio de la espantosa confusión, los indios ansiaban que se abriera el cielo y arrojase fuego sobre las cabezas de los sacrílegos, pero el cielo permaneció impasible ("Todos esperaban ver entreabrirse el cielo para lanzar sus rayos y castigar esta profanación sacrílega; pero el día continuó sereno y el sol acabó tranquilamente su curso sin manifestar ninguna cólera. Aprovechando la confusión, la mayor parde de las mujeres habían huido, y embarcadas en el lago, habían ido a Pátlzcuaro a referir los atentados de aquel día funesto. Expedición de de Cristóbal de Olía en Michoacán de Brasseur de Bourbourg).

Cuatro meses permaneció Olid en Tzintzuntzan, instalado con sus tropas en las casas de los sacerdotes, en un ambiente de paz. Los tarascos se habían sometido fácilmente. Fuera de los saqueos, Olid "no cometió ninguno de los actos de crueldad y de inútil barbarie, tan comunes en esos tiempos".

El total del botín, según cálculo elástico consistió en 30 cargas de cofres llenos de plata fina y 20 llenos de oro, además de mosaicos de pluma tejidos por los mejores mosaicistas de Tzintzuntzan.

Pero el saqueo más escandaloso se efectuó en el panteón real, en la isla de Japúpatu. Allí fueron violadas las sepulturas de los señores de Michoacán; "arrojaron con desprecio las cenizas de los monarcas, y saquearon este y los demás templos vecinos, apoderándose de los tesoros que la piedad de los soberanos había aglomerado durante siglos enteros". El cadáver del rey Zwanga fue desenterrado y hallaron ahí 200 rodelas de plata fina, con que estaba decorada la sepultura, además de mitras y plumajes verdes. En la isla de Janitzio saquearon el Templo de la Luna: "de allí sacaron ocho cajas llenas de mitras, llamadas angutari, cien rodelas de plata y cuatrocientos platos del mismo metal" (Expediciones de los españoles en Michoacán. Gobierno de Cristóbal de Olid. Riqueza que se encontraron de Manuel Payno) y también entraron vandálicamente en los palacios y templos de las islas de Pacándani, en donde obtuvieron 20 rodelas de oro fino, y la de Urami.

Aquel botín espléndido fue enviado a Coyoacán, para regocijo de Cortés, por medio de Don Pedro, como si fuese "un regalo real" transportado en doscientas cargas. Por él supo Cortés que el Caltzoncí había muerto; y entonces resolvió que fuese reconocido señor de Michoacán el príncipe Cuini Aguangari, hermano menor de don Pedro, "del cual Olid le había hecho grandes elogios". Pero al saber Cortés que era falsa la noticia del Caltzoncí, se indignó con don Pedro, y al convencerse de que éste no hacía más que creer en el rumor falso que divulgó el Caltzoncí, le dio excusas y le siguió agasajando antes de que regresara a Michoacán. Era el 14 de noviembre cuando se marchó don Pedro desde Coyoacán hasta Zacatula para entregar a Olid una buena cantidad de cacao que le enviaban.

Don Pedro fue a Uruapan, en donde se hallaba el Caltzoncí y le tranquilizó diciéndole que los españoles no le harían mal. De aquella entrevista resultó avivado el deseo que tenía el Caltzoncí de ir a México, sobre todo porque "esperaba que de su entrevista con Cortés resultaría la celebración de un tratado más ventajoso que el que pudiese ajustar con un oficial de rango inferior".

Antes de llegar a Tzintzuntzan, Olid fue recibido de paz por Guangári, Vib il y otros de los capitanes tarascos. Eran ellos el embajador de Tzimtzicha, "el señor de respeto acompañante y el jefe de correos". Poco después en el valle de Guayangareo, en donde hoy está Morelia, —la ciudad de los párpados de rosa— a la vista del ejército de Caltzoncí, éste y Olid se saludaron "con demostraciones de júbilo" y en medio de ruidosas fiestas, entraron en Tzintzuntzan, en donde fue servido un banquete en el que se halló presente el jefe de las armas del rey, el valiente Nanuma.

En el mapa segundo de la crónica de Beaumont aparece Olid con armadura verde y penacho rojo, saludando al Caltzoncí, y en el Códice de Tlaxcala, el pintor indígena representa a Olid sentado, es decir "un hombre que manda"; y "para saber cómo se llama, se lee el nombre arriba y a la izquierda, donde está el signo cronólogico Olín", que traduce tan exactamente como es posible, la palabra Olid".

Olid entró en Tzintzuntzan a tiempo de que el Caltzoncí "estaba en el patio de su palacio con su caballerizo (sic) Guangári, Vibil y Huimaxe, sujetos todos de los más principales de su reino tratando de la venida de los españoles y entretanto, le estaban bailando".

El Caltzoncí ("Casulci", dice Cortés en su carta al rey) los recibió graciosamente aposentándoles en Tzintzuntzan y "les dieron hasta tres mil marcos de plata envuelta con cobre, que sería media plata y hasta cinco mil pesos de oro, asimismo envuelto con plata, que no se le ha dado ley, y ropa de algodón, y otras cosillas de las que ellos tienen" todo lo cual, después de ser separado el quinto de Carlos V. fue repartido entre los soldados. Varios de ellos no quedaron a gusto con la repartición y rehusaron poblar, y a los que no quisieron volver a México, envió con Olid, a la mar del sur, por el rumbo de Zacatula, en donde se estaban construyendo cuatro navíos. De resultas de aquella conferencia del rey con sus grandes "despachó con los soldados de Olid algunos indios cargadores para llevar varios presentes a Cortés" y "la noticia de que él y su reino se daban de paz".

Pero Olid, sospechando que se le escapara, vigiló cuidadosamente a Tzimtzicha, exigiéndole más oro, que éste mandó a buscar en Pacandáni y Urhandeni formando con él ochenta cargas; pero no contento con estas Olid pidió 300 y "...dejó algunos de su compañeros en Tzintzuntzan, de que se fundaron después Pátzcuaro y Valladolid".

Olid se hallaba en una de las dos tierras mexicanas con lagos, que abren sus dulces ojos serenos en las mañanas, y de leyendas que hacia la tarde se caen de sueño, en las que las frutas más gustosas, los pescados exquisitos, las maderas y los metales de toda clase contribuyen a estimular el ingenio y la destreza manual de los indios. Tierra con todo lo que el hombre puede apetecer para su felicidad, si la trabaja; llena toda de luz y de aguas canoras, y en la que abundan los nombres esdrújulos, como si el hombre que allí vive hubiera nacido para cantar. Pátzcuaro, Tzaráracua, Uruapan, Tiripetio, Yuriria.

"Hay además otros lagos con peces y también muchos manantiales. Algunos de tal manera calientes, que apenas se puede soportar el calor en la mano sumergida... Goza de un magnífico cielo y es de tal modo salubre que muchos van allá para conservar la salud o para recobrarla. Es feraz en maíz, fruto de la orilla, en hortaliza y abundante en cacería, cera y algodón. Los varones son más hermosos y fuertes y soportan mejor el trabajo que los colindantes y son muy diestros lanzadores de flechas... Hay en aquella región muchas piezas de plata y oro pero impuras. Hay magníficas salinas y piedra iztlina, además del magnífico coco" (Antigüedades dc la Nueva España de Francisco Hernández).

En aquel banquete de Tzintzuntzan, a buen seguro que Olid saboreó el famoso pescado blanco y las corundas (tortillas), mientras en el lago de Pátzcuaro el sol crepuscular le anticipó la visión atormentadora de los metales codiciados. La figura del señor capitán aparece arrogante en la Relación de Michoacán o Códice del Escorial siendo recibido en triunfo en una tierra en que se hablaban 16 idiomas y dialectos, los indios eran verbosos en los banquetes y los nombres de sus pueblos —Uruapan, Patzimikuarhu, Tecátazirídaro— se abren como grandes flores terrestres para invadir fraganciosamente el aire.

Poco después el Caltzoncí se trasladó a Pátzcuaro, y al encontrarse con Olid y entregarle ochenta cargas de piezas de oro, éste le dijo:

—¿Por qué das tan poco?, trae más, que mucho oro tienes. ¿Para qué lo quieres?

—¿Para qué quieren ese oro? —dijo el Caltzoncí a sus compañeros—. Estos dioses lo deben de comer. ¡Por eso lo quieren tanto!

Y el Caltzoncí mandó que les entregaran el que había en dos islas.

—No tengo más. Esto que estaba aquí no era nuestro, sino de vosotros, que sois dioses, y ahora os lo lleváis porque es vuestro.

—Bien está. Quizá dices verdad, que no tienes más. Pero has de ir con estas cargas a México.

—Que me place, señores. Yo iré.

Y se marchó hacia Coyoacán en donde Cortés residía, y fue agasajado espléndidamente. Entre tanto, en Coyoacán seguían resonando las intrigas de Diego de Velásquez y los embustes de los vencidos con Narváez. Doña Felipa esperaba impacientemente al señor capitán, segura de que regresaría trayéndole cosas preciosas que superarían a toda ponderación. Era clara la obstinación de Cortés; buscar un estrecho por el Pacífico, en la esperanza de hallar muchas islas ricas, sobre todo las de la Especiería, sin navegar por la demarcación de los portugueses.

Al saber Cortés la noticia —que le dio personalmente el Caltzoncí— de que su teniente Álvarez Chicho había perecido a manos de los rebeldes de Colima, dio instrucciones a Olid para que saliera a combatirles. Dispuso que pasaran a Zacatula hábiles artesanos, remitiéndoles velas, jarcias, hierro y demás pertrechos, y que Olid marchara contra Colima "para sujetar las provincias que por aquel lado costeaban la mar del sur". Debería llevar consigo 100 soldados de infantería, 40 caballos y algunos indios tarascos, para que ese modo diera "calor a la fábrica de los navíos y después de aderezados apoyase la navegación, costeando tierra él y su gente".

A este propósito dio Cortés la siguiente explicación al rey: "Y yendo este dicho capitán (Olid) y gente a la dicha ciudad de Zacatula, tuvieron noticia de una provincia que se dice Coliman, que está apartada del camino que es al Poniente, cincuenta leguas; y con la gente que llevaba y con mucha de los amigos de aquella provincia de Michoachán, fue allá sin licencia y entro algunas jornadas, donde hubo con los naturales algunos encuentros; y aunque eran cuarenta de a caballo y más de cien peones, ballesteros y rodeleros, los desbarataron y echaron fuera de la tierra, tierra, y les mataron tres españoles y mucha gente de los amigos, y se fueron a la dicha ciudad de Zacatula; y sabido por mí, mandé traer preso al capitán y le castigué su inobediencia".

"No hubo tal castigo, ni prisión de Cristóbal de Olid, puesto que ningún historiador antiguo nos da la noticia, ni referencia alguna de que hubiera sucedido, lo que hace creer fundamentalmente que Cortés sólo trató de eludir ante el rey la responsabilidad que le resultada, cargando a Olid el fracaso de la expedición, porque no es creíble que este, sin su conocimiento y autorización, hubiera acometido empresa semejante, cuando es bien sabido que ninguno de sus subordinados se atrevía a hacer movimiento alguno sin recibir previamente sus órdenes" (Historia de Colima de Miguel Galindo).

Por otra parte, su carta de relación lleva fecha de 15 de octubre de 1524 y Olid se hizo a la mar desde el 11 de enero de dicho año. En su carta de relación dice Cortés que "junto cincuenta de a caballo y ciento cincuenta peones".

Olid se dirigió hacia Zacatula, y en el camino supo "cómo los pueblos de Colima andaban en armas, y que eran ricos" (Historia de la Conquista de México cd López de Gómora). Iba acompañado del capitán Juan Rodríguez de Villafuerte, con 400 infantes y 50 jinetes, y buen número de indios tarascos, "quienes no se avenían a consentir la población de su capital con gente castellana y más bien querían ayudarle en cosas de la guerra, siendo también del gusto de los soldados españoles, que pensaban enriquecerse más bien con los despojos tomados de los indios que iban a pacificar, que no estar de asiento entendiendo en cosas de población".

Una de las instrucciones dadas a Olid era de dirigirse a Zacatula, "con casi toda la gente castellana para auxiliar la expedición que tenía prevenida en aquel puerto y de paso pacificar los pueblos limítrofes, con que se veían en la precisión de poblar a Michoacán con alguna gente" y "que trabajase por atraerse a los indios". ("Al real servicio de vuestra alteza por su bien, y si no quisiesen, les hiciese la guerra", dice Cortés).

A fines de noviembre, Olid avanzó hacia Colima con 30 escopeteros, muchos indios afiliados y 15 de a caballo (40 soldados de caballería, 10 infantes y aliados, dice Pérez Verdía), redoblando la marcha y siguiendo la ruta que desde Tzintzuntzan había llevado Alvarez Chico, llegó como éste al paso de Alimán, del que estaban posesionados el rey de Colima y los suyos, quienes le recibieron con ataques furiosos, consiguiendo derrotarle y haciéndole huir vergonzosamente con los restos de sus tropas. Olid llegó a Zacatula (Olid iba desde Michoacán a Zacatlán por orden de Cortpes) y allí le mataron tres soldados, resultando 15 heridos. De Zacatula volvió grupas hacia México Tenochtitlán, "muy corrido de las malas resultas de su expedición".

Cuando Olid regresó de Michoacán, Cortés había salido rumbo al Pánuco. Traía consigo muchos caciques y al hijo del Caltzoncí, que así se llamaba, "y era el mayor señor de aquellas provincias, y trajo mucho oro bajo que lo tenía revuelto con plata y cobre" (relata Bernal Díaz del Castillo). Las malas nuevas del desastre de Olid llegaron rápidamente a sus oídos; "novedad que turbó la alegría de los continuos festejos prevenidos a la feliz llegada de su esposa", quien venía de Cuba. Es de creerse que la derrota se le mezcló ácidamente al disgusto que le ocasionara la súbita presencia de doña Catalina Marcayda, porque se interrumpía su vida extraconyugal. No cabe duda que a Olid le cegó la "ambición de mandar y no ser mandado" como dice Bernal Díaz.

El envío de Gonzalo de Sandoval, con 70 infantes y 25 caballos al señorío de Colima para domeñar a los rebeldes que habían derrotado a Olid, y otros disgustos y desazones que aquellos días sobrellevaba, Cortés, apresuraron la expedición que resolvió a confiar el segundo y otra a Pedro Alvarado para que buscaran hacia el sur nuevas tierras en que podrían hallar oro y otras maravillas, además de un ámbito anchuroso para sus hazañas.

"Los caballos eran fuertes,
los caballos eran ágiles".

EL VIAJE A HONDURAS LA AVENTURA DE GIL GONZALEZ DÁVILA

Presencia de González Dávila. En busca del Desaguadero. Caballos hacia el mar. En el valle de Olancho, ¡Paz, paz por el emperador!

Al Golfo de las Higueras, que es un paraje de la mar del sur dulce que yo hallé. —Gil González Dávila.

Cuando Cortés resolvió enviar Olid hacia Honduras[6], ya Cristóbal Colón había anclado 22 años antes frente a dichas costas, y Juan Díaz de Solís y Vicente Yáñez Pinzón habían hecho exploraciones en busca del paso interoceánico de acuerdo con la capitulación del 23 de marzo de 1508, visitando la isla de Guanaja y el Golfo de Honduras, antes de volver a España en octubre del año siguiente.

Al descubrir Balboa el Mar Pacífico en 1513, se precipitaron las exploraciones hacia el norte de Panamá. Una de ellas fue encabezada por González Dávila, hidalgo de la ciudad de Ávila, quien había sido maestresala del célebre obispo de Burgos don Juan Rodríguez de Fonseca, tío de aquella Petronila con quien si Cortés se hubiese casado a éste le habría cantado otro gallo. González Dávila recibió el nombramiento de tesorero de Santo Domingo y gracias a las insinuaciones que le hicieron el piloto Andrés Niño y Andrés Cereceda, logró firmar una capitulación con el Rey para salir al descubrimiento de las islas de la Especiería, y con el título de capitán general y la Cruz de Santiago se puso al frente de la expedición. Le fue posible recorrer un vasto territorio, desde la Isla de las Perlas en Panamá, de donde salió el 21 de enero de 1522, hasta el Golfo de Honduras.

Su viaje a través de Costa Rica y Nicaragua ofrece materiales y contornos para una magnífica novela. Sojuzgó caciques, encendió sus

---

[6] "…Porque aquella tierra (Honduras) es de sierra y muchos ríos donde habrá muchas granjerías,y oro" (Juan de Lerma al Rey, desde Ciudad Real, 1° de junio de 1534, en 96, III:147).

ojos ante la vislumbre de lagos desconocidos; estuvo a un milímetro de la muerte en una inundación, y disputó con el feroz adelantado Pedrarias Dávila la entrega del quinto real cuando éste supo que había rescatado piezas de oro cuyo valor se tasaba en más de 90,000 pesos castellanos.

Y cuando parecía sosegado, González Dávila envió a su tesorero Cereceda para que obtuviese el permiso real que le facilitaría, desde la costa norte de Honduras, la busca del desaguadero del lago de Nicaragua que había descubierto el 25 de julio de 1522. La autorización real fue obtenida, y por ella González Dávila era gobernador de una tierra demarcada así: "Desde el Golfo de la Osa en la mar del sur hasta las sierras llamadas con su nombre en 17 y½ grados de latitud; de aquí hasta la mar del norte sin tocar en las vertientes en donde se hallaban Hernán Cortés; de aquí al oriente hasta el río de San Pablo, próximo al Golfo de las Higüeras y desde este río por la costa del mar del norte hasta el Golfo de la Osa Norte Sur. Por manera que esta gobernación (la de Honduras) comprendía todo lo que es hoy Chiapas, Soconusco, Yucatán, Guatemala, Salvador, Honduras, Nicaragua y Costa Rica" (Expedición de Cristóbal del libro Bosquejo histórico de Honduras de Rómulo E. Durón).

Empujado por vientos propicios, pudo González Dávila salir de Santo Domingo el 10 de marzo de 1524 y llegar el mismo mes a la costa de Honduras. Le acompañaban Rodrigo de Manzanares, capitán de la carabela "San Antón"; el piloto Fernando Gutiérrez Galdín, Francisco de Arcos, Bernaldo o Bernaldino Mora o de Morla, Antón Sardo, el maestre Juan de Maza, Gil Dávila, su sobrino y el famoso piloto Andrés Niño, que había estado en el istmo de Panamá, en donde fue el primer español que conoció el guajolote en 1499. Los expedicionarios eran 50 de a caballo más 300 de infantería.

Al acercarse a las costas de Honduras, una tempestad desatada estuvo a punto de echar a pique sus navíos, y para capearla tuvo que echar al agua sus caballos, frente a la bahía de San Andrés, que en un principio, en memoria del desdichado suceso, se llamó Puerto Caballos y ahora es Puerto Cortés, y no habiendo podido anclar, siguieron hacia el oeste, hasta que encontraron el cabo de Tres Puntas o Manabique, deteniéndose en una isleta el "día de San Gil2 por lo cual le pusieron San Gil de Buenavista y tomaron ahí tierra. Varios días pernoctaron ahí, levantando viviendas, y esa fue la primera fundación española en Honduras. Los indios les preguntaron qué estaban haciendo en la isleta y por qué no se iban hacia el oriente, señalándoles una tierra "muy ancha y muy buena". Se dirigieron a un sitio del litoral, por detrás de Trujillo siendo maestre y piloto de la armada Gutiérrez Galdín. Temeroso de encontrar tierra adentro a gente de Pedrarias Dávila, dispuso avanzar 50 leguas, en busca de oro, y recorrieron el magnífico valle de Olancho, en donde González Dávila tuvo a bien fundar una villa a poco de haber encontrado el teniente general Francisco Hernández de Córdova (fines de 1524 o principios de 1525), que enviaba Pedrarias en su nombre. Después de fundar ciudades en Nicaragua, Hernández de Córdova había entrado en Honduras por el rumbo de dicho valle, en compañía de Hernando de Soto —quien más tarde sería el conquistador del Perú y descubridor del Mississipi—, Gabriel de Rojas y Francisco Campañón. La vanguardia de Hernández de Córdova iba al mando de Rojas, a quien González Dávila intimó, declarándole que no reconocía la autoridad de Pedrarias en aquella tierra. Con la rapidez del caso le batió y despojó; y acto continuo hizo llegar al mayor número de indios para que sirvieran a los cristianos, "y fueron tan grandes los malos tratamientos que les hicieron" que los indios llegaron con sus macanas y sus flechas disimuladas entre haces de yerbas para los caballos y la caña de maíz y la paja, y hallándose dormidos los españoles, cayeron sobre ellos una media noche y mataron a muchos. González Dávila abandonó el pueblo acompañado de los sobrevivientes, mientras los indios "pusieron fuego a todas las casas".

Ante la resistencia de González Dávila dispuso Hernández de Córdova destacar a Hernando de Soto ("...encontró en una provincia que se dice Manalaca con el capitán Hernando de Soto que el Francisco Hernández había enviado aquella parte; y resistiéndole que no pasase adelante, el Gil González se detuvo, y usando de maña con el trató de paz; y el Soto hallándose más poderoso que él de gente, no le temió, antes por estar muy cerca unos de otros no puso guarda en su Real, y una noche dio el Gil González en él y tomándolos descuidados los prendió y tomó las armas, y de la gente que salió a resistir murieron dos hombres con dos arcabuces"), dándole tropa competente y la orden de que le capturaran. Entonces González Dávila llamó a los soldados que había dejado en San Gil de Buenavista, pero sin esperarlos, apresuró la marcha, y una noche, gritando "San Gil, mueran los traidores!", cayó de súbito sobre Soto y su gente en el pueblo de Toreba y en el momento en que éste contaba con la probabilidad del triunfo, González Dávila, clamó en alta voz, engañándole.

—¡Señor capitán, paz, paz por el Emperador!

La perfidia de González Dávila produjo el resultado que éste apetecía, porque hubo parlamento, y en cuanto se presentó la gente que había llamado en su socorro, atacó a Hernando de Soto y le despojó de 130, 000 pesos de oro bajo, le puso en libertad, lo mismo que a varios que lo acompañaban, y apenas se percató de que una expedición española se dirigía a la costa, picó espuelas hacia Puerto Caballos, llevando todo el oro que había tomado a Hernando de Soto. Cuando Cortés tuvo noticias concretas de la presencia de González Dávila en Honduras, tomó la decisión de enviar dos expediciones hacia el sur; una al mando de Olid, vía la Habana, y otra al de Pedro de Alvarado, por tierra, a Guatemala. Deseaba también que encontraran el paso interoceánico, que suponía estaba al sur; pero, en verdad, lo que deseaba era que no permanecieran inactivos.

OLID A BARLOVENTO

La imagen de la ciudad de Tayasal. Calabazas o Higueras. Barcos a barlovento. Las instrucciones de Cortés. Olid hacia Cuba. Entrevista con Diego de Velásquez. Pendones en Triunfo de la Cruz. Primera entrada en Honduras. Palmeras y aguas oceánicas. Tierra de maravillas y de misterio. Desfile de caciques.

...a esta sazón, invictísimo césar, don Hernando entendía en enviar capitanes con copia de gente a calar y saber los secretos de la tierra para poblar, entre los cuales envió un Cristóbal Dolid con una armada de navíos, por la mar del norte, a conquistar y poblar la provincia de Las Higueras y cabo de Honduras, de que tenía mucha noticia fuese rica. —Fray Juan de Z umarraga.

RUMBO A LAS HIBUERAS

La visión del mar del sur resplandecía en la imaginación de Cortés desde su carta al Rey Carlos el 15 de mayo de 1522. Sus capitanes lo buscaron hacia Tehuantepec y Zacatula; pero el fantasma se les desvanecía apenas llegaban al mar Océano.

Olid quedó subyugado desde el primer momento, al nombrársele jefe de la expedición a las Hibueras en el sur enigmático, y recibía de ese modo una nueva demostración de la confianza que Cortés le tenía. Era uno de los tres capitanes insignes que le habían ayudado muy de cerca en la conquista del Anáhuac y deseaba que aquella expedición le sirviera:

1º.— Para cerciorarse de la posibilidad de encontrar el paso interoceánico.

2º.— Para ampliar su jurisdicción en vista de las noticias que recibía sobre las empresas de otros conquistadores que avanzaban hacia el norte, uno de ellos Pedrarias Dávila.

3º.— Para rescatar y poblar en tierras que eran ricas hasta lo increíble, según los relatos que Moctezuma recibió de los comerciantes de Yucatán que desde el sur traían hachuelas de cobre, esteras y otras cosas, como fue comprobado por Colón cuando en su último viaje (1502) encontró a unos comerciantes mayas.

La imagen brumosa de la ciudad de Tayasal, en el Petén, que precedió a las de Cíbola, hería de seguro la atención de los españoles que en México se habían desengañado al convencerse de que no eran de plata maciza, sino humildemente revestidas de cal, las casas de los indios de Tabasco. En el mercado de Tenochtitlán, entre los tesoros de la cerámica y la industria textil, las máscaras de jade y de los colores "para los pintores", admiraron Cortés, Olid y Alvarado y los otros capitanes algunas frutas que eran de las tierras de las hibueras (Hibueras o calabazas) como las llamaban entonces, y siguen llamándolas en los mercados de la ciudad de México quienes venden cosas que se producen más allá de Cuernavaca.

Así como a Pizarro el cacique le dibujó sobre la arena la imagen de la llama —un animal que vivía en un imperio riquísimo, hacia el sur— así los relatos hechos a Moctezuma y más tarde a Cortés, decidieron a éste a emprender la busca de la tierra que Colón, impensadamente, después de varios días tempestuosos bautizó con el nombre de Honduras con sólo decir después de un terrible vendabal: "¡Gracias a Dios que hemos salido de estas honduras!".

"Como Cortés tuvo nueva que había ricas tierras y buenas minas en lo de Hibueras y Honduras —dice Bernal Díaz— y aun le hicieron en creyente unos pilotos que habían estado en aquel pasaje, o bien cerca de él y habían hallado unos indios pescando en la mar y que les tomaron la redes, y que las plomadas que en ellas traían para pescar que eran de oro revuelto con cobre, y le dijeron que creían que había por aquel paraje estrecho, y que pasaban por él de la banda del norte a la del sur... (No cabe duda de que hubo comercio precolombino de cabotaje entre Yucatán y las costas de Honduras y Nicaragua y que el espionaje de Moctezuma proporcionó a éste más de alguna información), Cortés acordó de enviar por capitán de aquella jornada a Olid..., "y tenía Olid buenos indios de repartimiento cerca de México, creyendo que le sería fácil y haría lo que le encomendase; y porque para ir por tierra tan largo viaje eran gran inconveniente y gran trabajo y gasto, acordó que fuese por la mar, porque no era tan gran estorbo y costa y dióle cinco navíos y un bergantín ("...los días pasados dizque, por mandado del gobernador Hernando Cortés, les tomaron a ciertas carabelas, que de esta isla allá habían ido todos los más de los aparejos que tenían para aparejar la armada que envió con Francisco de Las Casas". Relación de lo que suscriben los oidores sobre la población del Golfo de las Higueras y de los capitanes que lo pueblan y del armada que Cortés sobre Olid y de lo que ellos han proveído sobre ello. Revista del Archivo y Biblioteca Nacionales, 1930), muy bien artillados con mucha pólvora y bien abastecido, y dióle trescientos y setenta soldados y en ellos cien ballesteros y escopeteros y veintidós caballos".

Entre los soldados figuraban algunos que habían peleado desde San Juan de Ulúa hasta la toma de Tenochtitlán y tenían ya sus casas y su reposo bien ganados.

Por la llegada intempestiva (25 de julio de 1523) del adelantado Francisco de Garay al Pánuco la marcha de Olid, como la de Alvarado, que iría por tierra, hacia Guatemala, se habían referido. En compañía del adelantado iban algunos partidarios de Diego de Velásquez Herrera y Tordesillas y del obispo de Burgos —que tenía toda su artillería mental apuntando hacia Cortés—. Pero el adelantado dejó de ser un problema para éste, una vez que se pusieron de acuerdo, y entonces volvió a sentir la alucinación del sur.

Los preparativos de la expedición de Olid fueron hechos por Cortés con extraordinario sigilo (Dice Cortés al Rey: "... y así mismo tenía hecha cierta armada de navíos, de que enviaba por capitán un Cristóbal de Olid, que pasó en mi compañía, para enviar por la costa del norte a poblar la punta o cabo de Higueras, que está sententa leguas de la bahía de la Ascención, que es a barlovento de lo que llaman Yucatán, la costa arriba de la tierra firme, hacia el Darién, así porque tengo mucha información que aquella tierra es muy rica, como porque hay opinión de muchos pilotos que por aquella bahía son estrecho a la otra mar, que es la cosa que yo en este mundo más deseo topar, por el gran servicio que se representa que de ello vuestra cesárea majestad recibiría").

Mientras Alvarado expedicionaba sobre el Pánuco, tuvo Cortés la prudencia de pagar "a los marineros y capitanes de los navíos en que debía ir Cristóbal de Olid a las Hibueras" (México a través de los siglos de Vicente Riva Palacio). Con toda anticipación Cortés había dado instrucciones a "Alonso de Contreras, soldado viejo de Cortés, natural de la Villa de Orgaz, que llevó seis mil pesos de oro (Cortés dice: "...envié con dos criados ocho mil pesos de oro" y López de Gómara: que "gastó treinta mil castellanos) para que comprase caballos y cazabe y puercos y tocinos, y otras cosas pertinentes para la armada, el cual soldado envió Cortés adelante de Cristóbal de Olid por causa que si veían ir la armada los vecinos de la Habana encarecerían los caballos y todos los demás bastimentos".

Así se explica que Cortés haya ordenado a Olid que en cuanto llegara a La Habana entrase en posesión de todos los caballos que estuviesen comprados y desde allí fuese su derrota para Hibueras, que "era buena navegación y muy cerca".

En las cinco naves iba un valioso cargamento ("...que costaron bien caras. Costaba entonces la fanega de maíz dos pesos de oro, la de frijoles cuatro, la de garbanzo nueve, una arroba de aceite tres pesos, otra de candelas de cebo nueve, y la de jabón otros nueve, un quintal de estopa cuatro pesos, otro de hierro seis, dos pesos una ristra de ajos, una lazada un peso, un puñal tres, una espada ocho, una ballesta veinte, y el ovillo uno, una escopeta ciento, un par de zapatos otro peso de oro, un cuero de vaca doce"): maíz, frijol, harina, carne de cerdo, tocino, vino, vinagre, aceite, pavos; y varias clases de armas: ballestas, espadas, puñales y muchos materiales para los barcos.

Las naos fueron compradas a Pedro de Castro y Juan de Hierro (factor de Diego de Aranda, burgalés); las carabelas a Diego de Castro Mocha y Diego Quintero de la Rosa, vecino de Palos de Moguer; y el bergantín era uno de los del adelantado Francisco de Garay. Alonso de Contreras fue comisionado para enviar provisiones, caballos, armas y ganados desde Cuba. Iban como tesorero de la armada Juan López de Aguirre; Juan de Ballestillo o Vallesico, alcalde mayor;

Alonso de Contreras y García de Llerena como factores; Pedro de Briones, maestre de campo; y también Francisco de Orduña y Pedro de Villalba.

LAS INSTRUCCIONES DE CORTÉS

Mandole ir a La Habana a tomar los hombres, caballos y vituallas que Contreras tuviese, y que poblase en el cabo de Higueras, y enviase a Diego Hurtado de Mendoza, su primo, a costear desde allí el Darién, para descubrir el estrecho que todos decían, como el emperador mandaba. —Francisco López de Gómara.

Las instrucciones que Cortés dio a Olid eran éstas:

1ª. Que fuese a la Villa Rica de la Veracruz a la Habana y se pusiera al habla con Alonso de Contreras, quien le entregaría víveres y caballos.

2ª. Que buenamente, sin haber muertes de indios ni guerras, después que hubiesen desembarcado, procurase poblar una villa en algún buen puerto y que atrajese de paz a los naturales.

3ª. Que buscase oro y plata.

4ª. Que procurase inquirir si había estrecho o qué puertos había en la banda del sur si a ella pasase.

5ª. Que los dos clérigos que le acompañaran, uno de ellos conocedor del idioma mexicano, predicasen a los nativos con diligencias la doctrina cristiana y que no consintiese sodomías ni sacrificios sino que buena y mansamente se las desarraigasen.

6ª. Que destruyese todas las casas en donde tenían indias o indios encarcelados para engordarlos y sacrificarlos y comérselos, y que soltase a los tristes encarcelados.

7ª. Que en todas partes levantase cruces.

8ª. Que al llegar al primer puerto de Honduras desembarcase a todos los que iban en los navíos y en el sitio más a propósito se instalase la artillería y se fundase una población, debiendo enviar tres de los navíos mayores a la villa de Trinidad en Cuba en donde se recogería lo que Olid enviase a pedir. Los otros navíos y el bergantín, como el piloto mayor y Diego Hurtado de Mendoza, su capitán, debían recorrer la costa de la bahía de la Ascensión, buscando el posible estrecho interoceánico, y hasta que hubiesen observado bien, se reincorporarían a Olid, y desde el lugar en que éste se encontrase enviaría a Cortés una relación de lo que hallaren y lo que Olid "hubiese sabido de la tierra y en ella le hubiese sucedido" para poder así transmitir informaciones al Rey.

Cortés confiaba en que yendo Olid por agua y Alvarado por tierra se encontrarían en algún punto, a menos que el paso interoceánico les separase y anunciaban al Rey que, como resultado de las dos expediciones, sería posible que se ampliase el territorio del imperio español "por la mar del sur más de quinientas leguas" y añadía que ambas expediciones le costaban más de 50,000 pesos de oro.

OLID SE HACE A LA MAR

El 11 de enero de 1524 Cortés y Olid (Pedro Alvarado había salido a la conquista de Guatemala el 6 de diciembre de 1523) se despidieron con la misma efusión cariñosa con que el primero dijo adiós a su compadre Diego de Velásquez antes de zarpar "como un gentil pirata" en busca del imperio de Moctezuma.

Después de hacerle las últimas recomendaciones y de regalarle dos pinturas de la Virgen María, le advirtió:

—Mirad, hermano Cristóbal de Olid de la manera que habéis visto que lo hemos hecho en esta Nueva España, de esa manera lo procurad de hacer.

(He aquí una versión ampulosa de las frases con que se despidió Cortés: "Hijo Cristóbal de Olid, bien intencionados fines alcanzan divinas asistencias. En buena hora sea vuestra jornada desempeño de la nación, y frondoso místico laurel de la militante Iglesia: porque la gloriosa emulación aliente a nuestros castellanos al seguimiento de vuestras operaciones").

"Seguramente —escribe Riva Palacio— que al partirse de allí el capitán de aquella expedición no había concebido aún el pensamiento de rebelarse contra Cortés y alzarse con la armada. Posteriores sugestiones de los enemigos del conquistador de México, de los parciales de Diego de Velásquez y de los resentidos compañeros y amigos de Garay le arrojaron por ese camino.

Sin embargo, en la travesía de México a Veracruz y de allí a La Habana, aquella semilla sembrada en el corazón de Cristóbal de Olid sin duda por el capitán Pedro de Briones, que iba en su compañía como maestre de campo y era hombre inquieto, díscolo y turbulento y además enemigo de Cortés, debió haber germinado, porque al encontrarse en La Habana Olid con Montejo, que volvía de España, ya le manifestó profundo resentimiento contra Cortés, quejándose amargamente de los malos tratamientos que de él había recibido.

Briones "había sido capitán de bergantines y soldado en Italia y era muy bullicioso y enemigo de Cortés, y llevó otros muchos soldados que no estaban bien con Cortés porque no les dio buenos repartimientos de indios ni las partes del oro", señala Díaz del Castillo.

Pero si todo eso era así, para traicionar a Cortés (Error fue el que cometió el conquistador de México, harto extraña en su acostumbrada sagacidad y prudencia, al disponer que tocara la expedición en La Habana. Gobernaba la isla Diego de Velásquez, antiguo enemigo suyo, que no podía perdonarle el haber ejecutado contra él un acto semejante al que aconsejaba Briones a Olid contra el mismo Cortés. Así fue que cuando arribó la escuadra, el gobernador y sus amigos no dejaron de aprovechar la ocasión que se les presentaba de tomar su desquite. Historia de la conquista de México de Ignacio de Salazar), pesaba mucho en el ánimo de Olid los disgustos que habían tenido y el deseo de configurar su propia personalidad. Le había destituido cuando era regidor en la Villa de Medellín; si bien, como regidor de la Villa Rica de la Veracruz, habían firmado la probanza hecha a nombre de Cortés sobre las diligencias que éste hizo para que no perdiesen el oro y las joyas del Rey que estaban en Tenochtitlán (Colección de documentos para la historia de México).

Es muy probable que las insinuaciones insistentes de Briones hayan sido escuchadas por Olid en aquella travesía, y que a ellas mezclaron las suyas, para que traicionara a Cortés, los solapados enemigos de éste "quejosos de los escasos repartimientos que imaginaron impropios de sus hazañas, motejando a nuestro capitán de la injusticia de elevar al indigno sin atender al mérito".

En el rescoldo de los disgustos que ambos habían tenido durante la conquista de México y en la de Michoacán, se avivaron los rencores, y ya en tierras que la lejanía transfiguraba, Olid se iba a sentir amo y señor de la nueva aventura, en un país cuyas dimensiones ignoraba, una vez que en La Habana se puso de acuerdo con el gobernador Velásquez para desvincularse de quien, más que su jefe, había sido su amigo.

El viaje de Veracruz a La Habana sólo tuvo un contratiempo: en Cozumel "se reparó en hacer unos bergantines porque se le habían perdido ciertos navíos" (Relación e información del viaje que hizo a Las Higueras el bachiller Pedro Moreno).

Las entrevistas de Olid con Velásquez y las que sostuvo con Andrés de Duero, secretario del gobernador, Juan Ruano, el bachiller Parada (Alonso de Parada) y el provisor Moreno le convencieron de que era llegado el momento de emanciparse de Cortés, evadiendo rendirle cuentas del dinero que habían gastado en la expedición.

En La Habana había hecho todos los preparativos del viaje Alonso de Contreras. Además de las provisiones de boca y de guerra que éste había comprado por orden de Cortés le presentó a "cinco soldados que eran personas de calidad de los que había echado de Pánuco (y) los mandó Diego de Ocampo, porque eran "muy bandoleros y bulliciosos".

Bernal Díaz da sus nombres: Gonzalo de Figueroa, Alonso de Mendoza, Lorenzo de Ulloa, Juan de Medina del Tuerto, Juan de Ávila, Antonio de la Cerda y un tal Taborda. Todos ellos habían tomado parte de la malhadada empresa de Francisco de Garay y eran de la peor calaña, pues no sólo robaban con destreza sino que "andaban en bandos y rencillas y convocando a otros soldados que se alzasen".

Con una armada de tal calidad, con muchos soldados y caballos, y yendo hacia una tierra de la que se tenían referencias espléndidas, fue fácil pactar con Velásquez. La entrevista se llevó a cabo en la nao capitana de Olid y se concertó que los dos harían la conquista de Honduras "por su Majestad y en su real nombre Cristóbal de Olid y que Diego de Velásquez le proveería de lo que hubiese menester y haría sabedor de ello en Castilla a su Majestad para que le traigan la gobernación". De ese modo los intereses del emperador se ponían a salvo y de cuenta de Velásquez correría la tarea de "pintar la acción en la corte con tales coloridos, que no pudiese el escrúpulo discurrir el más mínimo defecto en la pureza de su proceder" (Ignacio de Salazar, en obra ya mencionada).

A Olid se le unieron muchos vecinos de Cuba, entre ellos Gabriel de Cabrera, que era su lugarteniente; Diego de Dueñas, Rodrigo de Vargas, natural de Liévana, en Castilla, Juan Bueno, Diego de Aguilar, Jerónimo de Aguilar, quien había sabido por los indios de Yucatán que comerciaban con los de Honduras y que Pedro de Alvarado iba por tierra desde la Nueva España "con mucha gente de pie y a caballo" y otro clérigo. (Acaso es el mismo de quien dice Cortés que le dirigió un discurso en Trujillo).

Las naves se hicieron a la mar, "habiendo corrido mal tiempo y peligro" y los expedicionarios desembarcaron "con buen tiempo obra de quince leguas (es decir al este) de Puerto Cortés, en una como bahía".

El 3 de mayo de 1524 desembarcó Olid con su gente, "y a esa causa nombró a una villa que luego trazó Triunfo de la Cruz" , e hizo nombramientos de alcaldes y regidores a los que Cortés le había mandado cuando estaba en México que honrase y diese cargos. Los nombramientos fueron así: Juan de Medina, alcalde; Lope de Mendoza, alcalde y contador; Alonso de Pareja, Sancho Esturiano y Antonio de la Torre, regidores: Juan de Torquemada, escribano; Diego Hurtado , alguacil mayor; Francisco de Orbaneja, teniente de alguacil, y Francisco de la Muñana y un fulano Lintorno, procuradores del consejo (Revista del Archivo y Biblioteca Nacionales).

Olid "tomó posesión por su Majestad y de Hernán Cortés en su real nombre e hizo otros autos que convenían", pues no deseaba que los amigos de Cortés se dieran cuenta de que se había rebelado y temía que no lo fueran suyos en el momento en que ellos lo percataran
.

Tampoco estaba seguro de que la tierra tuviese minas ricas y fuese muy poblada, porque de no ser así podía tranquilamente retornar a México al lado de su mujer para seguir disfrutando sus repartimientos.

Bernal Díaz sospecha que bien podría entonces "disculparse con Cortés con decirle que la campaña que hizo con Diego de Velásquez2 había sido para que le diese bastimentos y soldados "y no acudirle en cosa ninguna", y era esto lo que sinceramente se proponía, según lo dijeron muchos de sus amigos a quienes había hecho tal confidencia.

Aquel día 3 de mayo, al poner el nombre de la Cruz a la nueva villa acataba Olid, por una feliz coincidencia del santoral católico, una de las instrucciones que le había dado Cortés.

PRIMERA ENTRADA EN HONDURAS

...y dijo una india de las que tomaron que se decía la haga, que era hija de un señor principal, que su padre y todos los más principales de aquella tierra comían en platos de oro. —Cristóbal de Pedraza.

Así que Olid comenzó a fortalecerse, y acaso ya contaba con informaciones fidedignas sobre la riqueza del territorio en que había alzado estandartes, "mostró odio y enemiga a Cortés y a sus cosas, y amenazaba con la horca al que algo le contradecía o murmuraba". Prometió "oficios, obispados y audiencias a muchos; y así, no había hombre que le fuese a la mano".

En Triunfo de la Cruz tenía otra personalidad y se quedaba viendo hacia las montañas misteriosas de Honduras con el ojo con que Cortés oteaba los horizontes del Anáhuac desde el día en que desembarcaron en San Juan de Ulúa.

Triunfo de la Cruz es uno de los parajes más hermosos en el litoral hondureño("...y más al oriente de Golfo Dulce se halla el río Piche y río Bajo y el de Ulúa, por otro nombre Balahama, antes del Puerto de Caballos, que está en quince grados, y después el río y punta de la Sal, y el Triunfo de la Cruz, un cabo de tres puntas, a donde el año de 1524 pobló el Maese de Campo Cristóbal de Olid; y río Hulma o de Jagua, y al norte de su boca la isla de Utila...". Historia General de los hechos de los castellanos en las islas y tierra firme del Mar Océano).

Se halla situado en unos de los recodos de palmeras, aguas azules y verdes, y amaneceres cálidos, extenuantes. La costa de Honduras, sus largos crepúsculos de fuego, la vegetación morbosa, a poco de salir del litoral, avivaban en Olid los recuerdos de las Antillas y le construían el espectáculo inolvidable que le salió al encuentro en la cuaresma de 1519 cuando vio surgir entre las brumas las primeras cumbres del Anáhuac.

Desde la nueva villa, Olid columbró, en el encantamiento de aquel plácido día, las montañas hondureñas, graciosamente coronadas de nubes apacibles, bañándose en luces de misterio. Tierra de esteros y pantanos, semejante a un edén poblado por la más exuberante fauna, con ríos arrastrando ilusorias esmeraldas, filas de cocoteros de cabellera salvaje, abrumados de frutos, y en los paréntesis de silencio del trópico, el vuelo pausado de las aves migratorias que van hacia el sur pregonando con sus algarabías la inminente presencia de las lluvias.

Se hallaba Olid en los umbrales de una tierra promisoria, arrullado por un mar que día y noche se despedaza sobre cadáveres de moluscos rosados, frente a paisajes que disponen de todos los recursos del color y están sumidos en una paz virgínea. De repente, en la calma del día traslúcido, las nubes comienzan a henchirse y estalla la tempestad eléctrica en todo su furor. Las playas y los montes aledaños están metidos en agua, sin que cese de llover, ni los barcos se atreven a acercarse. Agua por todos lados, agua en el mar y agua del cielo; agua que hace que se humillen los peces voladores y que en la copa de las palmeras asomen pensamientos sombríos.

Olid había llegado a una tierra encantada y famosa; pero las redes de los pescadores, aquellas que, según las noticias llegadas a México, llevaban oro y cobre en vez de plomo, no parecían ante el señor capitán para darle la venturosa bienvenida.

Tierra con muchos ríos de nombre eufónico: Ulúa, Aguán, Chamelecón; que producía maíz, frijoles, chile, camotes, yuca, frutos sin nombre, venados, gallinas y palomas monteses; en masas densas el cocotero y en las aguas fluviales los pescados que aún se llaman cuyamel y tepemechín; y aquí y allá, en los esteros las garzas, en el aire enjambres de insectos híbridos, a poco de entrar al bosque los zenzontles que alivian con su canto las mañanas calurosas, y hacia los primeros peldaños de la cordillera el agudo aroma del liquidámbar.

En ese marco de hermosura cambiante, los indios vivían plácidamente, utilizando las calabazas para fabricar tazas y platos, o buscando el sustento en los sitios en que la fauna brinda las carnes que se sazonan a fuego lento. Las indias fabricaban brebajes venenosos. De noche las serpientes escurriéndose entre los matorrales, al paso de las caballerías; y en las temporadas de grandes aguaceros, la electricidad a flor de piel del air...

Ulúa, Macoba, Guamura, Laula, Sula... ¡qué florilegio de nombres sensitivos! Cuando Olid arribó con sus gentes, entre el litoral y la tierra adentro vivían los descendientes de los mayas, lencas y mexicanos. La "Tierra de Maia" se extendía a lo largo del litoral, desde los actuales linderos con Guatemala hasta el sitio en que está Trujillo. Olid entraba en un país inédito, en el que los indios sula-xicaques moraban hacia el río Ulúa, las cordilleras de Omoa, los valles de Sula y de Jamastrán y en el territorio hacia Olancho

(Arqueología de la Costa Norte de Doris Stone); mientras los mayas, que dejaron en Copán los exponentes de su cultura —una de las más altas de la América antigua— habían forzado a los xicaques a internarse en las sierras de Yoro, pudieron comerciar con los sulaxicaques hacia la cuenca del lago de Yojoa.

Quizá Olid se sintió en los confines del Sur al ir penetrando poco a poco en una tierra henchida de sorpresas: lluvias que hacen salirse de madre a las aguas fluviales, ciénagas en las que los caballos se hunden hasta las cinchas, mosquitos que hincan sus larvas en la piel humana o dejan en ella las simientes del paludismo, serpientes que inyectan venenos rápidos y también las garrapatas que cunden en todo el cuerpo y el árbol peligroso que da un fluido sutil que aletarga a los caminantes. Todos esos obstáculos eran para Cristóbal de Olid y sus compañeros de aventura un nuevo incentivo de su ambición y un horizonte nuevo para demostrar que, si en la conquista de México pudo comportarse como un soldado de hierro, ya emancipado de Cortés la fortuna coquetearía con él, le engañaría con sus espejismos.

Acaso se le reapareció el Guadalquivir con sus torres de oro ilusorio, al ver el Ulúa en esos instantes del trópico americano en que la brisa cae de los miradores del cielo para aliviar las frentes ásperas.

¿Por qué se llamaba Honduras el país que a lo lejos ejerce tan suave fascinación? En su cuarto viaje Cristóbal Colón se vio en peligro mortal cuando su carabela fue zarandeada por una tempestad que duró varios días, y al volver la calma exclamó el almirante: "Bendito sea Dios que hallamos por cabo de estas honduras!" (El obispo Pedraza dice en su relación que Hernán Cortés, al hallar fondo cerca de Trujillo fue quien puso el nombre de Honduras a la tierra; pero su equivocación es idéntica a afirmando que dicha población fue fundada por Cortés).

¿Y por qué Higueras? Porque adelante de Trujillo hay muchas calabazas de que hacen vasijas de platos y tazas que traen acá que en lengua india se llaman éstas higueras.

("...y los vasos preciosos de las higüeras: se hallaron en el Darién y en el Golfo de Urabá, con sus asideros o asas de oro en estas higüeras, y ellas tan lindas, que sin duda ni reproche se podía dar de beber con las tales higüeras a cualquier rey poderoso". Historia general y natural de las Indias, islas y tierra firme del Mar Océano de Gonzalo Fernández de Oviedo y Valdez. Herrera y Tordesillas dice: "...la primera punta es la de Hibueras, así llamada porque los primeros hallaron muchas calabazas por el mar que llaman hibueras en lengua de la Española". Escrito judicial firmado por Hernán Cortés. Se advierte fácilmente que la palabra "higüeras" se convirtió a la larga en "hibueras". El P. Mariano Cuevas (Cartas y otros documentos de Hernán Cortés, novísimamente descubiertos en Archivo General de Indias de la ciudad de Sevilla) al afirmar que se llamó el país Higüeras "porque los primeros descubridores creyeron ver en la playa árboles parecidos a higueras", olvidó que el cronista Oviedo en Historia general y natural de las Indias, islas y tierra firme del Mar Oceáno), dice con toda claridad "que no son los higueras de higos sino las higüeros". En Amerikanstisches Woterbuch de Georg Friederisi (Hamburgo 1947), se anota: "hibuero, higüero, jigüero, jiguero, huero, güero, güira..."

Olid comenzó a incursionar tierra adentro desde Triunfo de la Cruz, y al frente de 160 hombres de a pie y de a caballo avanzó al interior y pacificó la tierra "sin matar ninguno ni hacerles ninguno cuatro o cinco caciques tenían muy mucha copia de gente", a tal grado que podían caminar con seguridad dentro del país uno o dos cristianos (Relación e información del viaje que hizo a Las Higueras el bachiller Pedro Moreno).

En sus incursiones Olid avanzó hasta unas cuarenta leguas poco más o menos, y pacificó a los caciques de Naco ("Nacuar", dijo R. de Vargas)), Cerimoa ("Corimoa", según Diego de Dueñas, uno de los compañeros de Olid, precisando que dicho cacique residía a treinta leguas del puerto. "Girimonga", dice Díaz del Castillo), Tencoa ("Encoa", dijo en su declaración Diego de Dueñas), Quimistán ("Trimistán", en la información de Pedro de Moreno. "Quinitán" dijo Diego de Dueñas), Ahuachapán (¿En El Salvador?), Cali ("Cala", según Diego de Dueñas; "Calut", dice Rodrigo de Vargas. Tipetuco y Sula ("Azula", señala Bernal Díaz del Castillo), y otros pueblos de mucha población, y cada vez que "sin riesgo de ninguna gente, los indios salían a servir de buena voluntad y "pedían que les señalasen a los señores a quién habían de servir" (Relación e información del viaje que hizo a Las Higueras el bachiller Pedro Moreno), y le ofrecían bastimento, gallinas y maíz, Olid pedía el testimonio del escribano Francisco de la Muñana y los indios juraban ser súbditos del rey de España. Olid trataba bien a los caciques y no les pedía oro "por mejor los tener de paz" y ellos ofrecían que le darían todos lo que les pidiesen, y uno de ellos le ofreció darle oro, porque Olid había dicho que era cobre y no oro lo que al cacique le habían llevado en unas petacas; y luego le dijo que "le trajese de lo que sacaba de la tierra, porque de aquello había menester un poquito para cierta medicina" (Por no darles a entender que tenía de ellos codicia).

CUATRO CAPITANES EN DISCORDIA
González Dávila con la cruz de Santiago. Un aire lleno de sospechas. Las Casas se mete en Honduras. El silencio ominoso de Olid. Unas banderas blancas. Naufragio y mucha cortesía. Ante los Santos Evangelios.

...los indios de la dicha isla les dijeron: ¿qué hacéis en esta tierra?, ¿por qué no váis a aquella tierra?, señalándoles a la tierra de Honduras, que es muy ancha y muy buena. (A Gil González Dávila en San Gil de Buenavista).

Cuando creía Olid que iba a pelear únicamente contra los indios, se dio cuenta de que otro conquistador le salía al encuentro a disputarle el oro y el paso y el paso interoceánico: era Gil González Dávila. Mientras Olid fue a bordo de un bergantín para descubrir algo más, y desembarcó, supo que González Dávila se movía hacia él, desde unos parajes que no podían señalar ni las brújulas ni los pájaros. González Dávila le escribió por medio de sus comisionados Fernando Gutiérrez Galdín, Rodrigo de Manzanares, Francisco de Arcos y otros marineros que iban a bordo de un bergantín ("...habiéndose informado del número de soldados que llevaba Olid, trató de aliarse con éste para hacer la guerra a Francisco Hernández, con el cual tuvo algunos encuentros, aunque sin resultados importantes". Historia de Nicaragua desde los tiempos más remotos hasta el año 1852 de Tomás Ayón) y en un paraje que no se puede precisar aún fueron bien recibidos por Gabriel de Cabrera; y éste le dijo que Olid se había marchado hacia el interior para verse con González Dávila "como amigo".

Allí estuvieron con Cabrera un día y su noche y "después iban los de la una parte a la otra y la otra en la otra a contratar entre sí y vender y comprar y a verse y comunicarse y proveerse de algunas cosas de refresco de los unos a los otros". (Relación de Rodrigo de Vargas).

González Dávila argüía que si Olid llegaba a poblar en nombre de Cortés defendería la tierra "en cualquier manera que pudiese"; pero que si lo hacía en el de su Majestad "se confederaría con él y sería muy su amigo". Crecían los rumores —que esparcía el intérprete Gerónimo de Aguilar, quien lo sabía por "los indios de Yucatán que venían a contratar con los de las Hibueras"— de que Pedro de Alvarado marchaba contra Olid "con mucha gente a pie y de a caballo".

Los de Olid estaban seguros de que en Honduras había gente de Pedrarias Dávila, quien no estaba en buena armonía con Gil, "a causa que cada uno de ellos quería quedar con la tierra", e insistía Gil que si presto tuviese necesidad enviaría ayuda a Olid.

Gil se propuso desde antes de llegar a Honduras enviar al Rey una relación de su viaje y que todo el oro que pudiese hasta la suma de 50,000 castellanos, y los suyos murmuraban que ya había logrado reunir de 20 a 21,000.

González Dávila escribió desde tierra adentro a Sancho Esturiano, uno de los capitanes de Olid, diciéndole que Andrés Niño —que se había hecho a la vela para recoger el oro que Gil enviaba al Rey— "daría todo el favor y ayuda que hubiese menester" y que lo único que deseaba era lo que Olid quisiese, "y quería mucho estar en su amistad y tener con él mucha paz2, y se supo también que Gil decía que de todo el oro y otras cosas que tomase había de dar parte" a Olid. Mientras en el puerto en que estaba González Dávila había anclado la carabela "San Antón" cuyo maestre era Juan de Mafra, decidió en octubre de 1524 enviar otra a Santiago de Cuba.

En ella iban como capitán Rodrigo de Manzanares, el piloto Fernando Gutiérrez Galdín, el contramaestre Antón Sardo (o Gardo), los marineros Francisco de Arcos y Bernardino o Bernaldo Morla. Todos ellos rindieron declaraciones ante Manuel de Rojas, el teniente de gobernador de Cuba (la isla Fernandina) el 18 de octubre de 1524 (Información sobre la llegada de Gil González Dávila y Cristóbal de Olid a las Higueras).

LAS CASAS SE METE EN HONDURAS

Súpolo Cortés y remitiendo a Francisco de Las Casas en dos fustas, mandó que le prendiesen, como de hecho lo intentó en contienda naval; que le salió muy al revés de lo que imaginaba, quedando en manos de Olid. —Bartolomé Leonardo Argensola.

Durante ocho meses, a contar desde su despedida en Veracruz, Cortés no volvió a tener noticias directas de Olid (Según Bernal Díaz del Castillo). "...y como tardó en responderle tanto al dicho marqués, comenzó a sospechar que el dicho Olid le debía haber hecho alguna traición pues no le respondía ni enviaba mensajero del suceso de su viaje como tal capitán suyo y enviado en su nombre como capitán general que era por su Majestad de toda aquella tierra la Nueva España" (Relación de la provincia de Onduras e Igueras de Cristóbal de Pedraza).

Supo al fin que éste le había traicionado, gracias a varios informantes, uno de ellos el factor Gonzalo de Salazar, quien había recogido las noticias en La Habana y llegó a Veracruz el 13 de octubre de 1524. Al comunicarla al Rey dos días después, le denunciaba que la traición había sido tramada en conveniencia con Diego de Velásquez; "aunque, por ser el caso tan feo y tan en deservicio de vuestra Majestad, yo no lo puedo creer, aunque por otra parte lo creo, conociendo las mañas que el dicho Diego de Velásquez siempre ha querido tener para me dañar y estorbar que no sirva"; y agregaba: "...yo me informaré de la verdad, y si hallo ser así, pienso enviar por el dicho Diego de Velásquez y pretenderle, y preso enviarle a vuestra Majestad".

Decía también Cortés al Rey: "Suplico humildemente que si por parte de Diego de Velásquez o del dicho Cristóbal Dolit, o de otra cualquier persona, alguna relación fuera a V. A., mande saber la verdad antes que ninguna cosa provea" (Colección de Documentos para la historia de México de Joaquín García Icazbalceta).

Bernal Díaz cuenta que Cortés, al escribir al Rey sobre la rebeldía de Olid, le anunciaba que "tenía determinado de enviar con brevedad otro capitán" para que le quitase la armada, se lo trajese preso a México, "o ir él en persona, porque si se quedaba sin castigo se atreverían otros capitanes a levantarse contra otras armadas que por fuerza había de enviar a conquistar y poblar otras tierras"; y que al mismo tiempo se quejaba contra Diego de Velásquez, por las "cartas que enviaba desde la isla de Cuba para que matasen a Cortés".

Decidió entonces enviar a Honduras una expedición punitiva, poniendo al frente de ella a su primo Francisco de Las Casas, hidalgo de Extremadura ("Y como D. Hernando lo supo de personas que se lo certificaron, envió otro capitán a que requiriese a Cristóbal de Dolid no hiciese alzamiento ni alboroto alguno". La conquista de Colimán de I.G. Vizcarra).

Le conocía muy bien, como "persona de quien se podía fiar, varón para cualquier cosa de afrenta", relata Bernal Díaz del Castillo.

Las Casas estaba recién llegado de España —"...en recompensa de haber traído de España el escudo de armas y las provisiones reales en que se concedía a éste (Cortés) el gobierno de México, recibió la encomienda Yanhuitlán", en Oaxaca. Del libro Historia de Oaxaca de José Antonio Gay. "Su ejercicio favorito era la caza y la equitación, de que tuvo principio la decidida afición que crearon y conservan a cabalgar los mixtecas. Habiendo arrastrado a Cortés en su mala suerte a Casas, fue éste privado de la encomienda de Yanhuitlán, sin duda en el período de gobierno de Nuño de Guzmán, sustituyéndole algún otro de ruin ánimo a quien nadie debieron los indios, hasta que por muerte de éste restituyó el rey al primero la encomienda" —. Era "sujeto a propósito, en todos conceptos, para encargarle aquella importante y delicada comisión" (Historia de la América Central de José Milla) y además "hombre de espíritu levantado y de pensamientos nada comunes", escribe José Antonio Gay.

"Era un hombre que poseía cualidades superiores como soldado y como político", (El bachiller Juan de Ortega de Ángel Núñez Ortega). Las Casas había figurado como alcalde mayor de la ciudad de México desde el 8 de marzo hasta el 3 de junio de 1524. Figuraban en el ejército de Las Casas, entre otros, Francisco de Orduña, Pedro Núñez, Gaspar Hurtado y el bachiller Juan de Ortega (Nacido en Medellín en 1499, pasó a México en 1522; era bachiller en leyes; fue uno de los soldados de Cortés y más tarde de Alvarado en la expedición a Guatemala: y alcalde ordinario de la ciudad de México. Regresó con Las Casas a ésta y volvió a ser alcalde en 1526. Por real cédula debía presentarse ante la audiencia de Santo Domingo para depurar su conducta en relación con el asesinato de Olid.

Al saber que Cortés había enviado a Las Casas contra Olid y González Dávila, el teniente de gobernador en Cuba, Manuel de Rojas, abrió una información el 12 de octubre de 1524, ante el escribano Juan de la Torre. Se sabía que Las Casas tenía instrucciones de Cortés para bloquear ciertos puertos y pasos entre la isla y Honduras y para capturar a cuantos fuesen o saliesen de la segunda "con cartas u oro para el Rey" o para comerciar y los remitiera a México; y por las declaraciones de Juan Bono de Quejo, Diego

Melena y Juan de Almagro, vecinos de San Cristóbal de La Habana, se supo que una fusta que había sido de la armada de Francisco de Garay, llegó de Veracruz a La Habana para combatir a Olid y que ocho de sus tripulantes habían nadado para ganar tierra "porque iban a fuerza y contra de su voluntad ", a pesar de la prohibición que, bajo pena de muerte, había dado Cortés para que saltasen a algunas de las islas, especialmente Cuba; y que "era público y notorio en Nueva España que Cortés enviaba por tierra a Alvarado, con cierta gente, algo así como 500 hombres y jinetes, contra Olid".

(Testimonio de una información que el teniente gobernador de la Isla Fernandina mandó hacer sobre la ida de Francisco de Las Casas a las Higueras, mandando una armada que Hernán Cortés enviaba a Cristóbal de Olid y Gil González Dávila, capitanes que estaban en aquel puerto en octubre de 1524. En Colección de documentos inéditos, relativos al descubrimiento, conquista y organización de las antiguas posesiones españolas de América y Oceanía, sacados de los Archivos del Reino, y muy especialmente del de Indias. Manuel de Rojas).

Acababan de llegar a Triunfo de la Cruz dos navíos, con bastimentos y mercaderías —el de Diego de Aguilar y el de Francisco Camacho— cuando surgieron en el puerto las dos naves de Francisco de Las Casas, con 150 soldados y artillería (Bernal Díaz del Castillo dice que eran 5 navíos y 100 soldados, pero merece más fe la información de Manuel de Rojas), izando banderas blancas.

Aunque Las Casas daba voces diciendo que era del bando de Cortés y pidió que no le atacasen, recibió "diez o doce tiros, en que el uno dio por un costado del navío, que pasó de la otra parte".

Una noche, sin que Olid se percatara, desembarcó algunos de sus soldados en Puerto Sal, a cuatro leguas de distancia, que prendieron a dos de los de Olid "que estaban a la costa de la mar". Al día siguiente por la noche alombardeó las carabelas de Olid, disparando sus falconetes, escopetas y ballestas. Se trabó la lucha, y la situación de Olid estaba desventajosa, porque una de las naves pequeñas se hundió, pereciendo varios soldados.

Las Casas y Olid procuraban engañarse: el primero se dispuso a desembarcar en otro punto aprovechando la noche y el segundo seguía parlamentando mientras le llegaban unos refuerzos que había enviado al Río de Pechín, en la gobernación del Golfo Dulce, para capturar a González Dávila.

Los dos capitanes entraron en arreglos, por medio de Saavedra y de Francisco Orduña, que eran de Las Casas. Pretendía éste que Olid estuviese de parte de Cortés (según Rodrigo de Vargas a los que envió Las Casas fueron Orduña y el bachiller Juan de Ortega); pero ante esa demanda no les fue posible pactar.

(Sin embargo dice Ayón, "Olid se comprometía a obedecer a Hernán Cortés, y Las Casas a dejar a Olid con el cargo de capitán de la expedición, que por su infidelidad debiera haber perdido").

Alguien dio aviso a Olid de que "aquello eran palabras, que lo que deseaban era pretenderle y que Las Casas decía que había que estar allí y tomar cuantos navíos viniesen por aquella parte" y que no les dejaría entrar ni gente ni bastimentos.

Las Casas resolvió estar "aquella noche con sus navíos en la mar, apartado de tierra, al reparo o pairando, con intención de irse a otra bahía a desembarcar, y también porque cuando andaban las diferencias y pelea de la mar le dieron una carta secretamente que serían en su ayuda ciertos soldados de la parte de Cortés que estaban con Olid, y que no dejase de llegar por tierra por capturar a éste", relata Díaz del Castillo.

Las Casas se había apoderado de los navíos de Aguilar y de Camacho, "y los llevo consigo obra de una legua de la tierra dentro del mar".

"Siete u ocho días poco más o menos", hallándose poderoso Las Casas, se desató una terrible tempestad ("Allí no era puerto sino costa brava") que dio al través con los cuatro barcos, desarbolándolos, ahogándose unos cuarenta hombres y los que escaparon se hallaban en estado tan deplorable que daba mucha pena verlos, ya que estaban desnudos; y "estuvieron sin comer dos días, y muy mojados del agua salada, porque en aquel tiempo llovía mucho, y tuvieron trabajo y frío". (Bernal Díaz del Castillo).

Olid salió a recibirles (habían muerto 400 españoles en aquel naufragio) hacia un río próximo, y fue tan gentil con todos ellos que hizo "mucha cortesía" a Las Casas y les dio de comer y con qué se vistieran y aposento en su residencia a todos los que pudo y hasta les dio caballos. Poco después hizo jurar sobre los Santos Evangelios a los vencidos que le serían fieles y el ayudarían contra Cortés en el caso de que éste tratase de someterle, si llegase en persona, y les dejó libres, menos a Las Casas.

Entre ellos se hallaban Diego de Alvarado, Diego Hurtado en Mendoza, Luis de Cárdenas y otros caballeros.

Pocos días después se llevó a los vencidos al real, que estaba tierra adentro, cerca del río Pechín, sin abandonar por ello a Triunfo de la Cruz, donde dejó un resguardo. En el camino tuvo una desagradable noticia; que Pedro Briones, el levantisco, revoltoso, bochinchero Briones, a quien había dejado en el real, se había levantado en armas, llevándoselas lo mismo que a la gente y los caballos, sin saber para dónde.

Seguía su marcha Olid cuando una noticia más grave aún le tomó de sorpresa: en el pueblo de Tetlentepalca (Relación e información del viaje que hizo a Las Higueras el bachiller Pedro Moreno), a distancia de cuatro leguas, en otro pueblo, llamado Choloma (En el relato de Rodrigo de Vargas habla de "Tlolomines", es decir, Choloma), estaba Gil González Dávila con 8 ó 10 de a caballo, y con unos 20 peones. Olid tuvo a bien destacar a cuarenta hombres, uno de ellos Juan Ruano (El maestre de campo de Olid había aprehendido cincuenta y siete hombres que iban con un alcaide mayor de Gil González Dávila, y que después los había tornado a soltar, y ellos se habían ido por una parte y el por otra; de esto recibió mucho enojo"), para saber lo que pasaba y si era cierto que González Dávila andaba por ahí, pedirle por merced una entrevista en el pueblo de Tepeteapa.

Accedió González Dávila y en la conversación, que aparentemente fue amistosa —"Supo González Dávila la derrota de Las Casas y no considerándose bastante fuerte para resistir a Francisco Hernández de Córdova, determinó embarcarse con una parte de su tropa en tres navíos, con dirección a San Gil de Buenavista, dejando el resto en Nito a cargo de Diego de Armenta. Luego que hubo llegado a San Gil, mandó ahorcar a Francisco Requelme y a un clérigo, por considerarlos culpables de rebelión contra su autoridad y otros excesos, y pasó en seguida a Choloma—, Olid se quejaba de la traición de Briones, su maestre de campo, pues bien sabía que éste estaba concertado con el alcalde Gil Dávila.

Bernal Díaz dice que Gil Dávila murió peleando contra los de Olid hacia el río Pechín, además de ocho soldados, al ser capturado su tío González Dávila.

Como éste era sobrino de Gonzáles Dávila, sirvió de pretexto de Olid para capturarle, aunque parece que dio tal orden por no haberle auxiliado oportunamente contra Las Casas.

LA TRAGEDIA DE NACO

Un valle con nubes y con flores. Huéspedes peligrosos. Noche llena de recuerdos. 18 puñaladas. Un proceso inicuo. La cabeza de Olid en un asta.

> Cristóbal Dolid, difunto, que Dios perdone...
> (Declaración de Rodrigo de Vargas).

Desde Triunfo de la Cruz, atravesando los ríos Ulúa y Chamelecón, acompañado de sus prisioneros , marchó Olid hacia el occidente, posiblemente a través del esplendido Valle de Sula, sin ponerle atención, a pesar de su ubicación y de su anchura que le permiten dar vía a una gran ciudad.

Dispuso residir en un recodo del Valle de Naco, próximo al río Chamelecón[7], "muy llano y fértil, cercado todo de sierras", que era

---

[7] "...el valle de Naco, donde se apartan los caminos, que tiene muy hermoso asiento es muy sano", (Carta del adelantado Montejo al emperador, sobre varios asuntos relativos a la gobernación de Honduras; Gracias a Dios 1 junio de 1539, en Colección de documentos inéditos, relativos al descubrimiento, conquista y colo nización de las posesiones españolas en América y Oceanía, por Pacheco, Cárdenas, etc. Madrid, 1864, II:221).

Era Naco una ciudad de primera importancia en aquella época, según Montejo declara en el mismo año: "Y aún tan destruido y a caballo que cuando llegué, de diez mil hombres que habían en él, hallé cuarenta y cinco".

Cuando Cortés hizo su viaje a Honduras, por el Petén, "le dijo el Cacique Canek que le haría guiar a un pueblo de barbudos blancos, llamando así a los españoles, que era éste de Naco". Al tiempo de Cortés mantenía estrecho comercio con Nito y Acalán en Yucatán ("Honduras maya" por Federico Lunardi, en La Época, Tegucigalpa 2 de agosto de 1946).

El licenciado Salmerón en carta al Consejo de Indias decía el 13 de agosto de 1531: "Agora platicando con el Marqués me dijo que el dicho Alvarado le había escrito que quería poblar la provincia de Naco, que al norte sur, con Puerto Caballos, y es el de la gobernación de Honduras y es donde mataron a Cristóbal de Olid lo cual por entonces se despobló".

entonces la cosa más excelente de todo lo descubierto en las Indias, de muy poblado y de mucha policía en su modo y caminos muy anchos como al modo de Valencia".

"Hay en este pueblo la mejor agua que habíamos visto en la Nueva España, y un árbol que en mitad de la siesta, por recio sol que hiciese, parecía que la sombra del árbol refrescaba el corazón. Y caía de él uno como rocío delgado y confortaba las cabezas", señala Bernal Díaz de Castillo.

Olid se instaló en Naco, cerca del río Manchalagua, a treinta kilómetros del suroeste de San Pedro Sula . Los pinares que ahí comienzan a derrochar su aroma salvaje, le recordaban seguramente la tierra de Michoacán; y es posible que entre las carnes montaraces que le servían a la masa, figurase la del "paujil".

En aquel escenario ponían su nota diversa la casa del ayuntamiento y el real de Olid. La que le servía de residencia, frente a la plaza, "era más amplia, a otro costado, con fachada de piedra; y una iglesita por el lado del oriente, con sus muros de adobe blanqueado, sus techos de carrizo, una campanuela en lo alto de unos troncos sobre la puerta, alegraba con su sonora simplicidad esta placita de la Villa de Naco, de la cual partían callejas con chozas y casucas que ocupaban los indios y detrás de estos, extensos huertos donde a más de zapotes, cocoteros y otros árboles de la comarca, los castellanos cultivaban con éxito plantas de la península".

No eran opulentos los menús, pero sí variados: además del vino, el tocino, la harina y el aceite podían Olid y sus huéspedes disfrutar del chocolate, la chicha, el camote, la yuca, las tortillas de maíz, los frijoles y el pan cazabe. Los caciques llegaban con cargamentos de provisiones.

En las tardes cálidas les era grato saborear el líquido del coco, más grato si se los servían en su copa de hermosura primordial. Al caer la noche, encendidas las fogatas, Olid hacía evocaciones de sus días de Tenochtitlán y de Colima, de Tzintzuntzan y de La Habana, con Moctezuma y con Tzimtzicha. Le parecía que, aunque le faltaba aún el pleno dominio de la tierra, su caballo le llevaría en cualquier

---

Del Valle de Naco dice a Ayón: "Hallábase cercado de empinadas sierras y cruzado por anchos caminos, embellecidos con flores, frutas y verduras agradables a la vista y delicadas para el gusto. Olid se complacía en comparar la feracidad y hermosura de aquel delicioso valle con la del reino de Valencia".

momento hacia el sur de aquel país enigmático, cuyos caciques se le entregaban sin resistencia, y en cierto modo la ociosidad y la molicie a que le invitaba el clima de Naco habían adormecido sus ímpetus para emprender duras batallas.

Aunque González Dávila y Las Casas eran sus prisioneros, no era difícil que apareciera de súbdito alguna flota de Hernán Cortés en Triunfo de la Cruz o que irrumpiese por algún camino de Guatemala. Las Casas le alababa mucho la tierra y Olid "le recontó los grandes trabajos que había pasado en llegar a ella y asimismo la conquista de ella".

Y cuando González Dávila le pidió que le dejara ir a España, Olid le contestó que no había navío, pero que le daría permiso en cuanto llegara. Era natural que los dos prisioneros conspirasen por desasirse de él; "y como andaban sueltos, sin prisiones, por no temerles en nada, porque se tenía por muy valiente Cristóbal de Olid, muy secretamente se concertaron con los soldados y amigos de Cortés que en diciendo: ´¡Aquí el Rey y Cortés en su real nombre, contra este tirano!´, le diesen de cuchilladas".

Entre bromas y chanzas, ya todo listo para la traición, un día le dijo Las Casas a Olid: "Señor capitán: soltadme; iré a la Nueva España a hablar con Cortés y darle razón de mi desbarate, y yo seré certero para que vuestra merced quede con esta gobernación, y por su capitán; y mire que es su hechura, y pues mi prisión no hace en su caso, antes le estorbo en las conquistas".

A lo cual le contestó Olid: "Estoy bien así, y que me place tener a un tan varón en mi compañía".

"Pues mire bien por su persona, que un día u otro tengo de procurar de matarle", dijo Las Casas, "medio burlando y riendo" (Bernal Díaz del Castillo).

Olid "estaba muy alegre y contento", al ver que dos capitanes eran sus prisioneros, "y como tenía fama de esforzado, y ciertamente lo era por su persona, para que se supiese en todas las islas, lo escribió a la isla de Cuba a su amigo Diego Velásquez" (Hernán Cortés de Salvador de Maradiaga).

Desde Naco proseguía haciendo nuevas entradas, habiendo encomendado una de ellas al capitán Briones.

Treinta días después de haber capturado a Las Casas, proseguía Olid en Naco en compañía de éste y de González Dávila, "holgando, comiendo y habiendo placer". Un domingo por la noche, después de haberse divertido montando a caballo, Olid y sus prisioneros acabaron de cenar, y alzados los manteles y retirados los maestresalas y los pajes, pues les trataba como amigos, conversaban sobre México y la aventura de Cortés.

Se hallaban presentes un tal Becerra, Gonzalo López, un tal Peña, Gaspar Hurtado y Juan Núñez del Mercado, y unos ochenta hombres más de los que habían llegado con los dos valerosos capitanes en desgracia. Olid conversaba sobre "cosas de placer". De repente sirvió un poco de carne de ave en el plato de Becerra, y éste le dijo socarronamente:

"Pues bien, que yo os daré la salsa de aquí a un poco...". Antes de que Olid, que estaba desarmado, se levantase de su asiento, fue atacado por Las Casas, mientras los demás echaban mano a las espadas, "y le dieron muchas cuchilladas y estocadas", y Las Casas le dió un puntapié en el tórax y le hundió en la garganta un cuchillo de escribanía que traía en un borceguí, diciendo: "¡Ea, compradre, que ahora es tiempo!". González Dávila le hirió con una daga (El testigo Muñana dijo que fue con puñal; pero Díaz del Castillo afirma: "cada uno tenía escondido un cuchillo de escribanía muy agudo, como navajas, porque ninguna arma se las dejaban").

Los de Olid estaban desprevenidos a pesar de que eran más. Todos estaban cenando, y aunque Olid dijo: "¡Aquí de los míos!", no se atrevieron a salir a su defensa, porque sonaron las voces de Las Casas.

—¡Aquí del Rey y de Cortés, contra este tirano, que ya no es tiempo de más sufrir su tiranías.

Olid salió huyendo hacia el monte ("...y le dieron 18 puñaladas con una daga y con todas las 18 puñaladas se les huyó y se les fue a esconder a una casa de un indio, muy mal herido, y llevaba consigo un pajecito; y viendo que se le iba tanta sangre tuvo temor de morir y díjole al paje que le fuese a llamar a su capellán". Historia de Honduras y de Pedrarias), y se escondió aquella noche en un arcabuco, sin que González Dávila ni Las Casas ni otros que salieron en su busca le encontrasen.

Olid estaba mortalmente herido. Francisco de la Muñana dio voces, llamándole, y al encontrarle exclamó:

—¡Ah, señor Cristóbal de Olid!

—¿Es Muñana?

—Sí, señor. ¿Quién os ha muerto?

—Francisco de Las Casas y Gil González Dávila y Becerra y Hurtado, alguacil mayor, y Núñez y Bello, y otros muchos. En todos confiaba y me han muerto a traición.

Entre tanto los asesinos se ufanaban, disputándose quién le había inferido la peor herida.

—Yo le di tal cuchillada...

—¿Qué le parece a vuestra merced —dijo otro dirigiéndose a Las Casas— cómo hemos hecho lo que prometimos?

Y no faltó soldado que dijera:

—¡Muerto es el traidor!

Dos horas después Las Casas y González Dávila habían apaciguado a las gentes y reducido a prisión a los principales partidarios de Olid. De repente, por pregón público, los habitantes de Naco fueron invitados a pronunciarse en favor de Rey y de Cortés, ordenando que se daría muerte a cualquier persona que supiese de Olid y no le descubriese.

Un clérigo se presentó pidiendo la vida de Olid en nombre de éste, antes de que se entregara; pero lo único que los traidores deseaban era saber en donde estaba escondido.

Pidieron al clérigo que les mostrase el escondite y aquella noche le hallaron, le llevaron "a un camuco de los indios", le curaron las heridas y le condujeron a la plaza del pueblo. Olid pidió que le dejaran confesarse y no se lo concedieron.

Volvió a oírse el pregón:

—Mandan los señores Gil González Dávila, capitán general de su Majestad, y Francisco de Las Casas capitán y teniente de gobernador por Hernando Cortés, a este hombre por tirano mandarlo degollar...

Una hora después, tras un simulacro de proceso, le degollaron, le cortaron la cabeza ("A usanza de los caballeros". América, historia de su descubrimiento desde los tiempos primitivos hasta los más modernos de Rodolfo Cronau), y la pusieron encima de un palo, colgada por la boca. Al mediodía siguiente enterraron su cadáver

LAS CASAS, SEÑOR DE LA TIERRA

Una vez que dieron muerte a Olid, Francisco de Las Casas fue proclamado capitán general por Hernán Cortés. Hizo pregonar que cada uno de los españoles se fuese a donde quisiese. Ciento diez hombres "dijeron que querían poblar", y los demás unánimemente que se querían ir con Francisco de Las Casas y con Gil González, que iban a incorporarse a Cortés.

Las Casas hizo en seguida varios nombramientos: Juan López de Aguirre, capitán y teniente, Juan Lope de Mendoza, tesorero; Juan de Medina, alcalde y contador: Alonso de Pareja, Antonio de la Torre, Sancho Esturiano, Lope de Perea y Francisco de la Muñana, regidores; Juan de Torquemada, escribano: Juan de Orvaneja, alguacil mayor; y, además, dio también nombramientos de veedor del oro a Esturiano y de procurador a de la Muñana.

Les ordenó en seguida que fuesen a poblar en la costa y golfo de Honduras y que la villa se llamase Trujillo. Entonces salieron cincuenta y cinco hombres a radicarse en Puerto Caballos, y como no les gustó la tierra acordaron dirigirse al Cabo de Honduras y que la gente se marchase por la costa. Y así fue fundada Trujillo.

Pocos días después Las Casas dio órdenes para regresar por tierra a México y capturó a González Dávila, "por temor del dicho Marqués del Valle" y al llegar a Macoloa, escogió los que debían de seguirle.

(Bernal Díaz dice: "Gil González envió mensajeros a San Gil de Buena Vista, que dejaba poblada, a hacer saber lo que había pasado y a mandar a un subteniente, que se decía Armenta, que se estuviese en poblados como los había dejado y no hiciese ninguna novedad, porque iba a la Nueva España a demandar socorro y ayuda de los soldados de Cortés, y que presto volvería").

En el camino hubo de ahorcar a Francisco Briones, Pedro de Palma, un clérigo de misa y un tal Trebejo "por revolvedores y amotinadores de ejércitos".

Las Casas y González Dávila llegaron a la ciudad de México en los días en que había gravísimos disturbios y atropellos. Sospechándose que Estrada y Albornoz iban a juntarse con ellos, el Oídor Peralmíndez Chirino les dio alcance cuando se hallaban a ocho leguas fuera de la ciudad, y regresaron a ésta, presos y despojados de sus caballos y sus armas. Estuvieron aposentados en la casa del tesorero Estrada, y una noche se presentaron Salazar y Chirino para catearla, acusándoles de que pretendían "alzarse con la tierra".

Las Casas se marchó hacia Oaxaca, en donde tenía un repartimiento de indios en Yanhuitlán.

El obispo Zumárraga decía en carta al Rey: "Así mismo teniendo acordado el presidente e oidores de quitar a Francisco de Las Casas ciertos indios que tiene en las minas se los sostuvo el licenciado

Matienzo, porque un hacedor del dicho Francisco de Las Casas le diese por muy poco precio una cuadrilla de esclavos diestros que tenía en las minas; y que así aquella como otras que tiene se las mantengan los indios de Francisco de Las Casas; y así se le vendieron y mantienen". En la Relación de los pueblos de indios de Nueva España que están encomendados en personas particulares descontando el diezmo que se paga, se lee: "Aguitlán, encomendando en Gonzalo de Las Casas, hijo de Francisco de Las Casas, que fue primero tenedor, está tasado en dinero, maíz que vale mil y quinientos pesos". En dicha encomienda eran tributarios tres mil trescientos cincuenta y cuatro indios.

Poco después les abrieron proceso y les condenaron a muerte —Dice Bernal Díaz del Castillo que los sentenció a degollar— "por haberla dado muerte a Cristóbal de Olid".

Al regresar Cortés a la ciudad de México hizo mercedes a Las Casas y le confirió el grado de capitán. Hacia 1526 Cortés tuvo desavenencias con Las Casas, por un navío que el segundo tomó a Francisco Camacho y Ruy Díaz de Segura en Triunfo de la Cruz.

González Dávila volvió a España después de haber escrito el 20 de noviembre de 1522 una carta al Rey, pidiéndole que le permitiese "ir sin prisiones a Castilla".

Casi a su llegada, después de haber estado preso, murió en Ávila, el 21 de abril de 1526, "dejando hijos pequeños de su mujer doña María de Guzmán, a quien por Real cédula del 3 de agosto de 1535, mandaba pagar a la Casa de Contratación 40 ducados, resto del salario del capitán que el real tesoro adeudaba a Gil el desventurado explorador".

CORTÉS RUMBO A LAS HIBUERAS

El séquito de Cortés. La vajilla de oro y plata. "¡Ay tío volvámonos!". Hambre, sol y lo desconocido. El visitador Moreno. La distante, lejana, remota Honduras.

Como Cortés supo que Cristóbal de Olid se había alzado con la armada en favor de Velásquez, gobernador de Cuba, estaba muy pensativo. —Bernal Díaz.

Así que Hernán Cortés se convenció de que Olid le había traicionado y de que su primo Las Casas no le daba noticias, resolvió marchar hacia Honduras. "No era Cortés hombre que pudiese sufrir tal agravio, sin tratar de imponer por sí mismo el castigo" (Disertaciones sobre la historia de la República de Mexicana de Kucas Alamán).

El mal ejemplo de Olid podía cundir entre los otros capitanes a quienes había ordenado que incursionaran en el México desconocido. Al saber que su implacable enemigo Diego de Velásquez había muerto, y que su paisano Manuel de Rojas, casado con una pariente suya, era el nuevo gobernante de la isla, "coligió que los amigos del muerto pasarían a Hibueras a unirse con Olid para su ruina" (Los tres siglos de Méjico durante el gobierno español de Andrés Cavo).

"Para apreciar debidamente la temeraria audacia de aquella determinación del conquistador de México, es necesario reflexionar que iba a emprender un viaje de mar de quinientas leguas, teniendo que atravesar selvas impenetrables, ríos caudalosos y ciénagas profundas, en un país enteramente desconocido y en parte desierto; con un clima abrasador y malsano y falto de los recursos necesarios para el mantenimiento del numeroso ejército y ostentoso séquito que debía acompañarlo", (Historia de la América Central de José Milla).

Aquel viaje desvió las rutas de Cortés. "Es que no creía en su obra acabada", relata Jesús Romero Flores en la obra Cristóbal de Olid. "Con una gobernación en la que desplegaba inmensas facultades, dió la espada a su destino y se hundió en la selva... A pesar de todo, no quedó nulificado. Esto era imposible. Pero se truncó su obra. Y su papel en adelante fue de segunda clase" (Carlos Pereyra en el libro Hernán Cortés).

Lo corrobora Salvador de Maradiaga al afirmar que Cortés cometió uno de los errores más trágicos de su vida: "Desertó el puesto que le correspondía de gobernador general y creador de un país nuevo, rebajándose al nivel de Olid, en lugar de permanecer en la cumbre, dispuesto a castigar al rebelde con el brazo de uno de sus capitanes, y aún perdonarle. Cortés dio así leña al fuego que sus enemigos estaban entonces encendiendo en España contra él, permitiéndole que lo pintasen ante la corte como el aventurero de siempre; a la vez que exponía su persona a peligros y penalidades que iban a quebrantar su salud como ninguno de los trabajos que hasta entonces había pasado", (Hernán Cortés de Salvador de Maradiaga).

Cortés se condujo con gran sigilo en medio de los primeros rumores de su viaje a Honduras. Escribió al Rey aprovechando el viaje de Lope de Samaniego, anunciándole "que no iría al camino para las Higueras", contra Olid , y hasta dio a entender al contador, cuando envió a Las Casas, "que le enviaba a descubrir el estrecho, si lo había por la parte del sur".

Pero al salir de la ciudad de México, el 12 de octubre de 1525, "dijo que iba a conquistar a los zapotecas e otras provincias, e aunque todo tuvieron creído que iba contra Cristóbal Dolid". Cortés envió a Guatemala un mensajero especial a Pedro dc Alvarado "con una carta por la cual le mandaba que luego se partiese con toda la gente de guerra que ahí tenía", pidiéndole que se juntaran "en el camino de Higueras por el cual iba contra Olid", y en vista de tal carta, Alvarado se dispuso a darle la ayuda que le pedía, dejando despoblada la ciudad que había fundado en aquel país.

Los alcaldes y los regidores de la nueva ciudad le requirieron para que no la despoblase, "porque era de servicio de su Majestad y que ellos no querían ir" contra Olid, alegando que éste era servidor del Rey y que Cortés "quería vengar sus diferencias que con él tenía que no era bien que se hiciese a costa de su Majestad despoblando sus tierras".

Alvarado les dijo "palabras feas a los dichos regidores y alcaldes y les quitó las varas y oficios y les maltrató e hizo otros oficiales diciendo que aquello convenía al servicio de Cortés".

El viaje fue, en verdad, una de las más audaces aventuras cortesianas. Un viaje fastuoso, como los de un gentilhombre romántico, que salía al encuentro de tierras con indios bravos, aguaceros torrenciales y largas tardes calurosas. Iban con él 150 jinetes, 250 de infantería y 3,000 indios mexicanos, un mayordomo que se tuteaba con el maestresala, un repostero que cuidaba la vajilla de oro y plata, un médico, un barbero, un camarero que sabía muchas cosas, dos cazadores con halcón, muchos tañedores de zacabuches, dulzainas y chirimías, mozos de espuela, pajes que le adulaban en las siesta, y además del caballerizo y de otros hombres leales, un sortílego que hacía muchas gracias y disputaba aplausos al titiritero.

Sobresalían en el cortejo el rey Cuauhtemotzín, el señor de Tacuba y otros príncipes mexicanos. Nadie habría creído que tal viaje fuese el de un aventurero que hacía pocos años esperaba pacientemente en la antesala del gobernador de Cuba. Y para completar el esplendor de aquel escenario en que era gran protagonista, se llevó a doña Marina, a varios predicadores franciscanos, un clérigo y un fraile de la Merced. Contar las sorpresas que le salieron al encuentro en la ruta "fuera cosa maravillosa. Enteteníale el fastidio el bufón Salazar, quien se le unió en el camino, se quitaba la gorra inclinándola mientras hacía venías y canturreaba palabras melancólicas: "¡Ay, tío, volvámonos!", y don Hernán le respondía:

Adelante mi sobrino,
y no creáis en agüeros
que será lo que Dios quiera...
¡Adelante mi sobrino!

Ya para llegar a Orizaba —donde fueron las bodas de doña Marina con un soldado de la expedición—, Cortés pasó bajo las enramadas de pino que le preparó Bernal Díaz y fue recibido con simulacros de batallas de moros y cristianos, con fuegos de artificio y con otras cosas que alegraban a los andariegos.

Iban a través de ciénagas donde pululaban los mosquitos; bajaban hacia las hondonadas en que la vegetación del trópico alza sus arquitecturas monumentales, y de vez en cuando, hacia el atardecer, mientras en lo gris del cielo resbalaban las aves de presa que siguen a los ejércitos hambrientos, salían los indios a ofrecerles maíz tostado, flores y miel de abejas.

En Coatzacoalco (hoy Puerto México) le dieron al señor capitán un mapa dibujado sobre lienzo de henequén, y al pasar cerca de las ruinas de Palenque, comieron raíces venenosas que les enrojecía la lengua y algunos murieron así. A lo largo de las montañas iban abriendo paso, y muchas veces, después de tres días de no ver más que el cielo y de encaramarse a los árboles más altos para divisar tierra, volvían al lugar donde antes estuvieron. Los caballos se atollaban. La brújula servía de algo en el océano verde e ilímite de las espesuras tropicales. Y más hubiera valido "tener maíz que comer que tener música", pues aunque el tañedor de chirimía conjuraba los enojos del señor capitán, el hambre no se consolaba con hojas de esmeralda ni con los cogollos melíferos.

Sobre la epidermis milenaria de las ceibas los expedicionarios se entretuvieron grabando, como sobre papiro, la frase más bella en la aventura: "Por aquí pasó Cortés2. Un día se supo que los caciques habían hecho cecina a un indio, y ese fue el fútil pretexto para que don Hernán ahorcase en Cuauhtémoc, mientras los frailes predicaban "cosas muy santas y muy buenas".

Envió en seguida a la costa norte en busca de bizcochos, aceite, vinagre y tocinos, que le llevarían en navíos desde la Villa Rica de la Veracruz, y para entretenerse, Cortés comía al par de su gente la carne de iguana, que es tan sabrosa como la del mejor pescado de agua dulce, así como las frutas cortadas al azar en las huertas o puestas a madurar en los silos de las cabañas. Se construyó un puente que tenía una legua de largo, con troncos tumbados y ramazones que se doblaban al paso de la caballería.

Cierta vez Bernal Díaz salió a encontrarle con cargas de maíz, gallinas de la tierra, frijoles y frutas; y como sucediera que la tropa presintió el arribo de aquel precioso cargamento, hubo más de un golpeado por llegar primero que el capitán, y éste se quedó con las ganas. Y como iban atrás unos cerdos, que reventaban de gordos, la tropa comenzó a murmurar contra los glotones de la corte ambulante, y don Hernán se quejaba amargamente así:

"¡Oh, señor hermano Bernal Díaz del Castillo, que por amor de mí, que si dejásteis algo escondido en el camino, que lo partáis conmigo!".

Y el soldado cronista le contestó con unos jarros henchidos de miel y con dos indias que amansaban un pan muy sabroso (Un criado del contador Rodrigo de Albornoz alcanzó a Cortés antes de entrar en la provincia de Tabasco, mientras se dirigía a Honduras, y lo enviaba para ver si quería "mudar la opinión de ir a aquel camino contra Cristóbal de Olit, por el mucho deservicio que vuestra Majestad de ello recibía y tanto daño la tierra y los cristianos, me escribió iba en su determinación y porque la gente donde ya llegaría de allí adelante, pasado él, quedaría de guerra, y yendo mensajeros o poca gente, los matarían, que no le enviásemos persona ninguna".

Otro día llegaron unos mensajeros besando la tierra, tocándola con respeto, mientras arrojaban guirnaldas de flores que también el aire agradecía. Los soldados dormían en despoblado, aunque la noche se complicara de estrellas o los aguaceros se desgajaran, pues techos no había aunque llevaran pechuga de gallina o pernil de venado. Por el camino iban quedando las luminarias que hacían con troncos en el bosque en que zumban las abejas feroces y el carpintero cuida en su hueco muy alto a la parvada vocinglera. Y era de ver a los expedicionarios, en torno a las fogatas, bajo el ciclo encandilado de luceros divinos, acampando al rescoldo, contándose episodios de la conquista de México o entregándose a dulces memoranzas si entre la lumbre parecía surgir el canasto con pan dorado o el cuero con vino...

Cortés fue saludado como un rey en la tierra del Petén; allí había casa blanqueadas de cal y hubo misa cantada, bajo toldo de ramas, con música de chirimía y zacabuche, y el cacique, al permitir que le bautizaran, pidió una cruz y besó la tierra en señal de rendimiento, Fue entonces cuando Marina repitió en la lengua de los naturales los sermones predicados aquella vez, y los expedicionarios se pusieron de rodillas devotamente.

El cacique petenero regaló a Cortés lo mejor de la tierra: aves de corral, ambrosía, mucho oro y unos caracoles rosados que eran primor. Cortés correspondió al agasajo con un banquete en que sacó a relucir la vajilla. Antes de proseguir el viaje dejó su caballo enfermo en poder de los indios para que se lo cuidasen hasta que regresara; y cuenta el cronista que el infortunado bucéfalo murió de hambre en manos de sus cuidadores, porque los médicos le recetaban miel y carne de gallina como alimento y le ofrendaban copal como si fuera un ídolo.

La expedición escapó de dejar los huesos en una sierra hostil. "Dimos muchas gracias y loores a Dios", dice Bernal Díaz. "Miren los lectores qué Pascua florida podíamos tener sin comer, que con maíz fuéramos muy contentos". Pasó el ejército a la sombra de vastos cacaotales, y a Cortés los "ayotes" se le antojaban melones del país, y hasta se rumora que comieron lagartos y otros animales inmundos que no eran para los manteles de aquel príncipe errabundo. Bernal escribió cierto día a su jefe sobre el cuero de un tambor, con tinta hecha de unas cáscaras amargas: en ella le decía que saliera a encontrarle a varias leguas, pues le llevaba magníficas provisiones: cacao, sal, chiles, maíz y carne salada.

Después de atravesar serranías calientes, entre largos reverberos de sol, y de vadear lagunas en que se quedaron hundidos arneses incrustados de plata, el ejército divisó la primera población de Honduras. Ya para llegar a la desembocadura del río del Golfo Dulce, unos soldados que se habían adelantado para saber lo que pasaba en Nito, vieron a cuatro españoles, cortando zapotes en una huerta que había junto a un estero caudaloso. Allí supieron que Olid había muerto a manos de Francisco de Las Casas y que éste había regresado a la Nueva España.

Un tal Alfonso de Ortiz corrió a dar las albricias a Cortés, y Sandoval le regaló "cabeza de Moro", un caballo pintiparado. Poco antes se aproximaron al pueblo de Ocolizte, y dispuso Cortés enviar a Sandoval para que averiguase si "eran muchos españoles los que estaban poblados con Cristóbal de Olid porque en aquella sazón" no creían que "hubiese otro capitán en aquella tierra".

El plan de Cortés era caer sobre Olid, por la noche, tal como lo hizo con Narváez, "y prenderle a él y sus soldados", cuenta Bernal Díaz del Castillo.

Al entrar por Golfo Dulce, llegaron a Zinacantencintle, San Andrés de Puerto Caballos, Sula, Quimistán, Naco y Trujillo ("Y así volvió para México, muy quieto y amado de los indios por los buenos tratamientos que les hizo y dádivas que les dió y hasta el día de hoy lo lloran los indios que son vivos y desean verlo" Cristóbal de Pedraza en su libro Onduras e Igueras. 1544).

En la ruta, después de sufrir el sol iracundo y los aguaceros deshechos, se alimentaron con pan de cazabe, zapotes, aguacates y buen pescado. Fue un viaje desastroso, que modificó profundamente la sensibilidad de Cortés y trastornó muchos de sus planes.

"...En el cual viaje padeció muy grandes trabajos no vistos ni oídos entre ninguno de los romanos, porque anduvieron más de 500 leguas perdidos sin caminos, por montes y sierras, pasando grandes ciénigas y ríos a nado y en balsas, y muchas hambres donde se comieron todos los caballos y vinieron en tan grande estrechura que se comieron algunos de ellos unos a otros, entre los cuales por dicho de uno que se dice Medrano Cheremia, que es al presente de la iglesia de Toledo, natural de..., que se halló en este naufragio, dijo a mí el obispo y a otras muchas personas que él había comido de los sesos de un Montesino, sacabuche, natural de la ciudad de Sevilla, y de las asaduras y sesos de Bernaldo Caldera, hermano del licenciado Caldera que estuvo mucho tiempo en el Perú, y de un sobrino del dicho Caldera, que se murieron de hambre".

En él se disputaba la supremacía diversos intereses, uno de ellos el que codiciaba la jurisdicción sobre tierras desconocidas. Muchas de las discusiones y muertes de cristianos, Sacra Majestad, que en estas partes han sucedido entre los cristianos y vasallos de V.M. han sido sobre los límites y lugares de los gobernadores que por V.M. han venido en estas partes, como entre Pedrarias y Gil González Dávila y el gobernador Hernán Cortés y Cristóbal de Olid, hacia el cabo de Higueras, que unos y otros han venido a concurrir ahí" (Colección de documentos para la historia de México de José Dolores Gámez).

EL VISITADOR PEDRO MORENO

...los oídores del Consejo de Santo Domingo enviaron a un caballero a Honduras, porque había muerto ahí pocos días había a un caballero que había el Marqués del Valle, de México, a descubrir aquella tierra. (Relación de Santacruz).

El 15 de mayo de 1525 surgió en Trujillo el barco en que la Audiencia de Santo Domingo enviaba al bachiller Moreno para sosegar la tierra. Los oidores habían recibido orden del Rey para que se averiguara todo lo relativo a los disturbios entre González Dávila y de Olid, y a la vez los oficiales que ambos capitanes se hallaban poblando, a una distancia de 40 leguas entre sí "en toda paz y conformidad". Supieron también que Francisco de Las Casas había salido contra Olid con órdenes de Cortés para apostársele en el pasaje por donde "habían de entrar los navíos que fuesen con bastimentos al dicho Golfo de Higueras", los capturase y no les dejase entrar socorro, mientras llegaba por tierra la expedición de Alvarado —el adelantado D. Pedro no llegó a Trujillo por saber que Cortés se había embarcado para México— y que si algunos navíos enviasen oro o relaciones de Olid y de Gil González, los enviasen con las personas importantes que en ellos fuesen.

Las noticias se referían a la vez a la presencia de Hernández de Córdoba, enviado de Pedrarias Dávila, desde Panamá en busca de la Mar del Sur. El bachiller Moreno, que era fiscal de la Audiencia de Santo Domingo, además de sendos despachos para Olid y González Dávila, llevaba las siguientes instrucciones:

1ª. Que procurase encontrar la armada de Las Casas y le notificase ante escribano la provisión de la Audiencia, a nombre del Rey, en virtud de la cual se le ordenaba que regresase inmediatamente a la Nueva España y no perturbase los movimientos de los navíos de Olid y de González Dávila, y el aprovechamiento del Golfo de Higueras; y que si algún derecho pretendía Cortés, debía pedirlo ante la Audiencia, que le haría "entero cumplimiento de justicia".

2ª. Que notificase a Hernández de Córdoba la provisión por la cual se le ordenaba que dejase "poblar y pacificar libremente" a González Dávila y a Olid en la tierra y provincias "do ansi primero ovieren llegado o descubierto".

3ª. Que fuese a Honduras, pasando primero por Santiago de Cuba y ahí entregara una carta de la Audiencia para el teniente de gobernador y los oficiales reales, comunicándoles la comunicación que se le había dado, para que a fin de desempeñar mejor su cometido, obtuviese algunas noticias sobre González Dávila y Olid; y tomase un piloto que lo llevara a los puertos en que se hallaban dichos capitanes, y luego iría a Trinidad para recabar nuevos informes sobre ellos y Las Casas.

4ª. Que una vez que en Cuba se abasteciera de agua, yerba y leña y encontrase piloto, procurase ir hacia el puerto en donde estaba González Dávila y le entregase la carta y provisión por la cual se le mandaba "que a donde llegare y hallare otros españoles poblando no se entrometa en alterar ni innovar cosa alguna", por el daño y escándalo que de lo contrario se podría seguir, y el rehusar y obedecer lo harían "bajo graves penas2; y después hiciese igual notificación a Olid, lo mismo que a Pedro de Alvarado si éste hubiese llegado con gente de Cortés.

5ª. En el caso de que al llegar a Honduras encontrase que se habían roto las hostilidades, hiciera amonestaciones y atrajera a los disidentes para que "entrasen en paz y sosiego y que el resultado de sus investigaciones debía remitirlo a la Audiencia, y si le pareciera conveniente, les dijera que se presentaran ante ella en demanda de justicia".

6ª. Que recibiese de dichos capitanes "todo el oro, perlas y otras joyas que a S. M. le hubieran pertenecido, de su quinto y otros derechos, para que se le pueda enviar en los primeros navíos".

7ª. Que obtuviese informaciones sobre la forma en que Cortés había despachado la armada de Olid, las instrucciones que le dió, lo que Olid había hecho y todo lo relativo a éste, procurando que no se disgustase; y

8ª. Que averiguase el paradero de los vecinos de Cuba que se habían fugado hacia Honduras "llevándose muchos niños naturales"; y regresara éstos "a las personas que los tuvieran a su cargo".

El bachiller Moreno llegó a Trujillo a bordo del navío "Trinidad", cuyo piloto era Juan de Logroño, y le acompañaba el escribano Pedro de Ledesma. A su llegada supo que tres días antes había sido asesinado Olid y que González Dávila y Las Casas marchaban rumbo a México. Su conducta fue de tal manera deplorable, que en vez de conducirse con circunspección, perpetró numerosos abusos que dieron pábulo a nuevos desórdenes, que a la larga trastornaron la vida social y política de la flamante colonia.

Y todavía a fines de aquel año nefasto, el Rey —a quien desde las Antillas llegaban, con lentitud de gaviota, las noticias— daba instrucciones (4 de noviembre de 1525) al licenciado Luis Ponce de León, visitador de la Nueva España a fin de que inquiriese los que había pasado en la distante, lejana, remota Honduras, que en el Mar Océano era un imán telúrico que convocaba a las gentes del Norte y Sur en busca de aquel oro legendario que sustituía al plomo en las redes de los pescadores.

APÉNDICE

RAFAEL HELIODORO VALLE: A CIEN AÑOS DE SU NACIMIENTO **POR SARA ROLLA**

Referirse a la personalidad y la obra de Rafael Heliodoro Valle es hacer justicia a la memoria de uno de los intelectuales más brillantes y uno de los prosistas más puros y sensibles que han honrado a este suelo. Por ello, nos sumamos con entusiasmo a la celebración del centenario de su nacimiento.

En este breve trabajo intentaremos, fundamentalmente, hacer una reseña de la producción literaria más sobresaliente de Valle, con el fin de perfilar, someramente, sus virtudes como escritor, una de sus facetas más destacadas. Para ello, trazaremos en primer lugar el necesario marco referencial, consistente en una sucinta biografía del autor y su ubicación en el panorama histórico de las letras nacionales.

Rafael Heliodoro Valle nació en Comayagüela el 3 de julio de 1891 y murió en la ciudad de México el 29 de julio de 1959. Fue historiador, periodista, cronista, crítico, ensayista, narrador, poeta, en fin polígrafo ("el más grande polígrafo hondureño del siglo XX" lo llama Ramón Oquelí).

Según Raimundo Lazo, fue "autor de copiosa y variada biografía activa que es como el resumen de una época". Actuó, además, como funcionario, diplomático y docente universitario: fue Sub-Secretario de Educación Pública, Cónsul de Honduras en Mobile, Alabama. Cónsul en Belice y Embajador de Honduras en los Estados Unidos (1949-1955); se desempeñó como catedrático en la Universidad Nacional de México y como Director de la Sección de Bibliografía de la Secretaría de Educación Pública del mismo país.

Dentro de su vasta labor periodística, se destacó como columnista de los diarios mexicanos Excelsior, El Universal y El Universal ilustrado. Asimismo, fue colaborador de otros importantes periódicos y revistas de distintos países de América. En 1940 la Universidad de Columbia en Nueva York, le concedió, el premio de periodismo Marie Moors Cabot.

Fue fundador y miembro de número de la Academia Hondureña de la Lengua. Publicó más de cincuenta libros, entre ellos: Cómo era Iturbide; La anexión de Centro América a México; San Bartolomé de

Las Casas; Para una biografía de Hernán Cortés; Cristóbal de Olid, conquistador de México y Honduras; El perfume de la tierra natal; Ánfora sedienta; Unísono amor; Contigo; México imponderable; Tierras de pan llevar; Visión del Perú; Flor de Mesoamérica; Historia de las ideas contemporáneas en Centro América y otros.

Cabe destacar su enorme preocupación por sistematizar y difundir el patrimonio cultural de su patria, esfuerzo que se traduce en su documentada Historia de la Cultura Hondureña,.

Como literato, Valle cultivó, en gran parte de su obra, los moldes expresivos y la temática del Posmodernismo, esa escuela de transición que se ubica entre el modernismo y la vanguardia. Sus preferencias se orientan, por lo tanto, hacia la sencillez estilística y la temática sentimental y cotidiana.

Como poeta, su composición más conocida es "Jazmines del Cabo", de 1913. En este poema Valle usa la décima, retomando ritmos propios del Romanticismo español (recordamos que era la estrofa preferida de José Joaquín Palma; el poeta cubano que ejerció magisterio entre los románticos hondureños).

El comienzo, muy popular en Honduras, dice así:

¿Por qué causas misteriosas
la música de un violín
o el perfume de un jazmín
nos recuerdan muchas cosas?
Sortijas de aguas preciosas,
pañuelos de raso y tul,
cartas dentro de un baúl,
valses de tiempo pasado,
y lo del cuento azulado:
éste era un príncipe azul.

Esa flor nítida es una
cosa de la primavera:
un jazmín que Ella nos diera
en una noche de luna.
¡Quién sabe por qué fortuna
esa romántica flor
puede expresar el temblor
sutil que en el alma vive,

eso que nunca se escribe
en una carta de amor!

En el léxico de esta composición se perciben todavía los ecos del modernismo rubendariano. Nótense, al respecto, los vocablos que se refieren a imágenes sensoriales diversas y describen un ambiente cortesano y elegante: "Música de un violín", "Perfume de jazmín", "Sortijas de aguas preciosas", "Pañuelos de raso y tul", "Cuento azulado", etcétera.

Pero en conjunto, más que el decorativismo modernista, pesa en este poema la influencia de la escuela romántica becqueriana; un romanticismo de tono menor, que se apoya en la fuerza de lo vago, lo impreciso, lo impalpable, como en la expresiones: "Temblor sutil que en el alma vive" y "Eso que nunca se escribe/en una carta de amor".

Vemos, entonces, como el afán de reaccionar contra la orfebrería verbal del Modernismo, lleva a los posmodernistas a recuperar ritmos y motivos de la lírica decimonónica, la que, como ellos, se interesaba más por la fuerza de la emoción que por el impacto de la palabra.

Pero pecaríamos de esquematismo y simpleza si encasilláramos a Rafael Heliodoro Valle en los moldes exclusivos del Posmodernismo. El influjo del genio rubendarista no fue demasiado poderoso, y Valle no pudo sustraerse al cultivo de ciertas notas fundamentales del modernismo, como la musicalidad, el léxico exotista y los malabarismos verbales, que despliega, por ejemplo, en los poemas "Éxtasis humilde" y "La casa de las amatistas".

En otras composiciones, en cambio, la adhesión de Valle al Posmodernismo es plena: por ejemplo, en "Mi prima Carmen", poema compuesto en 1945, donde el sencillismo expresivo y el tono fuertemente sentimental proporcionan las claves estilísticas esenciales.

La última estrofa dice:

Dulce niña de Honduras, morena y florecida
que pasas por la vida como por un jardín:
el amor es la exacta presencia de la vida
y la vida es un breve perfume de jazmín.

Además de los afectos familiares, Valle abordó con entusiasmo el tema patriótico, circunstancia que desvirtúa, una vez más, aquel remanido argumento según el cual, para ser patriota, se debe residir siempre en su propia tierra. Como sabemos, Valle vivió mucho tiempo en otros países, especialmente en México: sin embargo en su obra abundan las páginas dedicadas a Honduras, donde se capta su paisaje y su patrimonio cultural.

Una de ellas se titula, precisamente, "El poema de Honduras". Esta extensa composición en la que predomina el verso libre (ya cercana al vanguardismo) fue escrita en Washington en 1954 y es como un rescate lirico de la geografía y la historia nacionales. Contiene, también, reflexiones morales en torno al destino de la patria.

El poeta expresa el dolor que le ocasiona un pasado de ignominia, pero también manifiesta su esperanza en un futuro de Justicia y realizaciones:

¡Jamás! Esta palabra impura no debes repetirla;
no vuelvas al pasado, ni mires tu ignorancia, que el futuro
/está en flor
y aún puedes cultivarlo; no la gastes, ahórrala,
no para el odio estéril; no vuelvas al pasado
que te puso en el mapa con horrendos colores,
y que manchó tu azul y tu blanco y tus pinos,
que son la primavera, La imagen del futuro te aguarda
como novio, a tu puerta, sonando su guitarra
con el cuello adornado de jazmines insignes.

En general, la poesía de Valle, si nos apegamos a criterios de valoración estrictos, no presenta una calidad homogénea. No sucede lo mismo con su labor en prosa, donde se revela como un fino esteta. Muestra acabada de ello es el exquisito libro titulado Tierras de pan llevar, de 1939.

Contiene esta obra sesenta "estampas2 (por aplicar una metáfora plástica a los diferentes materiales que alternan en ella), donde se combinan recuerdos de infancia, leyendas, retratos de personajes históricos y populares, tradiciones diversas, paisajes; en síntesis, todo un compendio de cultura regionalista tratado con ternura, nostalgia y candor de "hombre-niño" y, de vez en cuando, con chispazos de un humorismo inteligente y juguetón.

Por la obra desfilan personajes populares tan seductores como el Achín, el vendedor ambulante que, en la Honduras previa al embate de los medios masivos, fascinaba a las gentes de los pueblos por su talento para narrar, a modo de un juglar moderno, visiones legendarias de países remotos. Similares virtudes, trasladadas al ámbito doméstico, presenta "La Leonor", la vieja criada que le contaba al autor, cuando era niño, bellas historias de encantamientos.

Con estos seres extraídos del recuerdo, alternan figuras de la fantasmagoría popular, como la Sucia, que circula por los relatos de la vecina Doña Dominga, en cuanto a los personajes históricos, sobresalen dos sacerdotes ilustres: Fray Manuel Subirana y el Padre Reyes, evocados con ternura y veneración.

Particularmente simpático es el relato titulado "Lluvia de peces en julio", donde se narra ese fenómeno tan misterioso y poético que se da en Yoro y que nos certifica que vivimos en tierras donde prolifera, en los hechos, el "realismo mágico".

Tampoco está ausente la evocación del mundo maya, con la seducción de sus leyendas y el encanto de sus ruinas (véase "El tigre alado").

En cuanto a las cualidades estilísticas de Tierras de pan llevar, es difícil, en tan breve espacio, resumirlas y ejemplificarlas. Baste señalar dos virtudes significativas: en primer lugar, el acierto en el punto de vista elegido, ya que el enfoque de tan diversas fuentes responde a una óptica eminentemente subjetiva; todo lo procesa y reelabora el "yo" del autor. En segundo término, cabe destacar el adecuado tratamiento temporal de cada una de las historias o páginas descriptivas del libro, en el que resulta notable el predominio de versos en pretérito imperfecto de indicativo.

Éste es un índice elocuente del carácter evocativo y, hasta cierto punto, elegiaco que, en general, tiene el texto. El valor aspectual de este tiempo —propio de la rememoración de acciones habituales— nos remite a toda una época dorada de la vida del autor (su niñez) y también a la infancia de su pueblo (sus raíces históricas, sus tradiciones folklóricas, sus mitos) dos ciclos en cierto modo clausurados, que logran, sin embargo, proyectarse hacia el presente por la vía del arte. Citaremos a continuación un fragmento que ejemplifica las virtudes estilísticas a que nos hemos referido en el párrafo precedente:

"¿Dónde estará la vieja criada que en las noches de invierno, cuando las palmas benditas nos libraban de los rayos, me conducía hasta el jardín aquel en que brillaba una toronja y un pájaro decía palabras de maleficio? La pobre mujer se parecía entonces a las reinas hermosas de sus cuentos; y cara comida de viruelas se le asomaba el alma por aquellos ojos de una dulzura verde". (Tierras de pan llevar),

Esta reseña, tan somera y parcial, no puede transmitir, ni siquiera tangencialmente, el encanto y la delicia que se experimentan al leer Tierras de pan llevar. Remitimos, por ende, a los lectores que no hayan tenido el privilegio de hacerlo, a un acercamiento directo con este libro tan placentero como sustancial dentro del acervo literario de Honduras. Tengan la seguridad de que se han de deleitar y purificar, como quien se baña en las aguas frescas y limpias de nuestros ríos de montaña, generosos, incontaminados y entrañablemente propios. Así creo que es la obra de Valle: como un recuperar la infancia, el amor a la Humanidad y a nuestra tierra, es decir lo mejor de nosotros mismos.

Tomado de la Revista de la Academia de la Lengua No. 9, julio-diciembre de 2003).

AMÉRICA EN LOS TIEMPOS DE RAFAEL HELIODORO VALLE **POR MARCOS CARÍAS**

Tiempo Primero: La Reforma Liberal (1870-1910) Que "La Historia de Honduras puede escribirse en una lágrima" es, quizás, la expresión más citada de Rafael Heliodoro Valle. Por ella aprendimos que es la nuestra una historia pequeña y triste pero digna y entrañable, como toda buena lágrima.

En la Calle Real de Comayagüela vino al mundo el maestro Valle, un tres de julio de 1891. Por ese entonces ya podía entonarse un responso a la cúpula política de la reforma liberal hondureña, que se estaba desmoronando, a quince años de haberse instaurado y proclamado el sistema como una nueva era.

Lucas Paredes, en "Drama Político de Honduras", atribuye las máximas responsabilidades de la ruptura del proceso a la desmedida ambición del líder liberal Policarpo Bonilla y recoge, entre otros juicios negativos, uno de Paulino Valladares: "el río de sangre que trajo la bancarrota total de la Patria fue derramado por don Policarpo Bonilla", refiriéndose a la serie de acontecimientos violentos que entre 1890 y 1894 culminaron con el ascenso al poder de este dirigente y su revolución llamada libertadora.

Honduras, según el censo levantado en 15 de junio de 1887, bajo la responsabilidad de don Antonio R. Vallejo, daba un total de 331.917 habitantes. Tegucigalpa totalizaba 12.585 y la vecina Villa de la Concepción o Comayagüela, en la que cuatro años después nacería Valle, 2.557. La capital, en su conjunto, tenía un poco más de quince mil habitantes, menos que un 5% del total nacional.

La política gubernamental de la Reforma, bien patente en las administraciones del General Bográn (1883-1891), manifestaba tendencias autoritarias, que le eran consustanciales. El partido progresista que se estaba oficializando, inspirado en Ramón Rosa, creía imposible aplicar en Honduras los postulados del auténtico y más democrático liberalismo. Al rescate de ese liberalismo y de sus ideales se levantó Policarpo Bonilla, con fuerte apoyo entre la juventud estudiosa. Su acción, en gran medida refleja, evitó en

Honduras la dictadura reformista, que también Rosa criticaba. Pero, a la vez, abrió las puertas a la disensión y a un nuevo ciclo de guerras civiles, aupadas por ambiciones personales, ciertamente, pero no en menor grado por otras condiciones como el localismo, la dispersión poblacional en una difícil geografía, la poca coherencia en los intereses económicos y la poca consistencia del poder central. Las reformas liberales fueron un fenómeno continental. En general, vincularon, exportando materias primas a Latinoamérica con el mercado mundial, promovieron, con vehemencia, la inversión de capitales extranjeros, modificaron los sistemas de enseñanza, incentivaron las obras de infraestructura y consolidaron los Estados nacionales, derivando hacia gobiernos dictatoriales, protectores del orden surgido.

En Venezuela, este proceso fue paralelo al centroamericano y se le acredita al General Antonio Guzmán Blanco, quien ejerció el poder 18 años, de 1870 a 1888. Un testigo escribe, al respecto, que a diferencia del período anterior "en Venezuela reina la paz" y que "la cosecha de café ha sido muy buena, el acueducto que proporciona agua a la capital se ha terminado y en el ferrocarril que une Caracas con el mar se trabaja afanosamente".

Nos parece estar leyendo una descripción sobre los logros del gobierno reformador hondureño de Soto (1876-1883) al apuntar que durante Guzmán Blanco se reorganizó la Universidad Central, se promulgaron los códigos civil, criminal, mercantil, militar y de hacienda; la administración pública empezó a realizarse con criterio moderno y la educación primaria se estableció como gratuita y obligatoria.

Guzmán Blanco se enfrentó al clero. Disolvió los conventos, aprobó el matrimonio civil, expulsó al Arzobispo y rompió relaciones con el Vaticano. Sus propósitos en esta materia, fueron ideológicos, culturales y económicos: "He establecido el matrimonio civil como lo practican casi todo los pueblos civilizados y que es, con la libertad de cultos, condición indispensable para atraer y radicar la población extranjera, llamada a acelerar rápidamente nuestro engrandecimiento".

En el Brasil, el Imperio dio paso a la República, en 1889. Luego "os anos que se seguem e o primeiro decánio de século atual assinalam o apogeu desta economía voltada para a produção extensiva e em larga escala de materias-primas e gêneros tropicais destinados á exportação".

Emerge un nuevo espíritu, regido por el ansia de enriquecimiento, que la Monarquía nunca consideró legítimo. Hasta las más altas autoridades, cosa no vista antes, no se refrenarán para involucrarse en grandes negocios. El extraordinario crecimiento de la actividad cafetalera es financiado, en grandes proporciones, por bancos ingleses y franceses, sirviendo de base la fluencia de capital extranjero a la bonanza agro-exportadora. El trabajo esclavo ha sido abolido y para el trabajo libre se contará, además, con el concurso de millares de inmigrantes.

En el tránsito del Imperio a la República, se asentará el Ejército como la nueva fuerza política del Brasil y los militares-políticos serán los personajes centrales del nuevo régimen, sobre cuya bandera se grabó el lema del positivismo, Orden y Progreso, tan lleno de virtualidades regeneradoras para nuestro Ramón Rosa.

En los grandes países latinoamericanos, la égida liberal positivista y agro-exportadora producirá continuas multiplicaciones. Antes, entre 1810 y 1859 los inmigrantes habían ingresado a la Argentina a un promedio de 18 mil por año. Durante el primer período del General Roca (1880-1886), el promedio fue de 80 mil inmigrantes por año. Buenos Aires tenía medio millón de habitantes en 1889, por 1.244,000 en 1909. El área cultivada en 1880 era de unos cinco millones de acres, más de quince millones en 1895 y más de treinta millones y medio en 1905. El General Roca, figura política-militar del período, entregó 3.720 millas de ferrocarril, al terminar su primer mandato, que era el doble de lo que había recibido y 12.200 millas en 1904, luego de su segundo mandato.

El sistema político en Latinoamérica se proclamaba liberal y democrático pero preocupado, al decir de uno de sus maestros, el uruguayo José Enrique Rodó (1871-1917) por la "necesidad de que predomine en las sociedades la calidad sobre el número". La nueva aristocracia habría de ser de extracción universitaria y la Ciencia, con mayúscula, su guía inspiradora; esa ciencia que no sólo trae el progreso y la fidelidad sino que es la moralizadora del hombre, según también pensaba Ramón Rosa.

A esto llamó Rodó sustentar una posición idealista, con base en el positivismo "piedra angular de nuestra formación". El idealismo de los policarpistas hondureños se sustentaba en el folleto "Mis Ideas", del dirigente liberal pre-reformista Céleo Arias, o sea, en la pureza de los principios políticos y no en los principios científicos, como pretendían los positivistas.

Esos ideales, tras los movimientos armados, se habían plasmado en la "gloriosa" Constitución de 1894, que después de otra serie de conflictos estaba nuevamente en vigencia en 1908, en el gobierno de Miguel R. Dávila.

Fue en 1908 que el joven de diez y siete años Rafael Heliodoro Valle partió para México, a estudiar magisterio dentro del sistema educativo fundado por los positivistas, apodados los científicos, baluartes del largo régimen de la Reforma Liberal Mejicana. Recuerda Leopoldo Zea que el día que el invasor ejército francés se retiró de México, 16 de septiembre de 1867, fue también el día en el que el Dr. Gabino Barrera, que había atendido en Paris los cursos de Augusto Comte, el fundador del positivismo, pronunció una oración cívica de bienvenida al nuevo orden de la reforma, bajo el manto de esa filosofía.

Siguiendo las huellas de esta oración, los positivistas enfatizaron que la era de las revoluciones se había terminado; que viviendo en orden, la educación habría de encaminar a los ciudadanos hacia el progreso, de manera evolutiva. Un orden, se decía, no reñido con la libertad. Una libertad práctica, no declamatoria ni utópica, según la definió don Justo Sierra, uno de los más notables intelectuales de la dictadura. Ya que desde 1876, el poder lo había tomado el bizarro general y héroe contra los franceses, Porfirio Díaz, quien se mantendría en la cima hasta 1911.

La crítica romántica al porfiriato, lo explica como una mistificación de la Reforma. Sin embargo, en lo económico, en lo educativo, en lo social, en lo político, fue un desarrollo lógico de los postulados explícitos en la Reforma Liberal, que favorecían al poder oligárquico y al capital extranjero, de una manera consciente. A veces se le define como un tiempo de modernización de la sociedad y de feliz surgimiento de la burguesía mejicana. Cuando se describen estos procesos, fácilmente, se puede dar en asimilarlos a los acontecidos en Europa, siendo muy diferentes.

En el México real de don Porfirio, por definición muy poco moderno y burgués: "los Hearst, lo Guggenheim, la United States Steel, la Anaconda Corporation, la Standar Oil, Edward L. Doheny,

John D. Rockefeller, Harrison Gray Otis, William C. Greene, controlan las tres cuartas partes de las minas y más de la mitad de los pozos petrolíferos, además, de las plantaciones de azúcar, de café y de algodón e inmensas tierras sin cultivar para pastos y ganados. Esta política permite a menos de tres mil familias ser propietarias de casi la mitad de México. Se calcula que en 1910, el 97% de la tierra cultivable pertenece a 830 latifundistas (equivalente al 0.01 por ciento de la población total).

Con tantas inversiones y riquezas sólidas, amén de la fanfarria burocrática y militar, un rostro de prosperidad parecía haber adquirido México, sobre todo su capital en treinta años de porfiriato. Los intelectuales positivistas ampliaron sus lecturas e influencias de Comte al evolucionismo de Spencer y Darwin o al utilitarismo de Mills. Ampliaron también su radio de acción. De lo educativo y de cierto periodismo con ribetes de atrevida crítica, algunos de ellos llegaron a ser diputados y ministros, controlaron las finanzas presupuestarias, como en el caso del poderoso José Ivés Limantour y los trámites y prebendas del trato con los capitalistas foráneos. Justo Sierra fue, quizás, uno de los pocos que de intelectual y funcionario no pasó a oportunista nuevo rico a la par que fue experimentando un proceso de desencanto ante el orden dictatorial porfirista, que supo utilizarlos a ellos para el propio provecho.

En los unos y los otros, el elitismo académico los conducía a desesperar de las ignorantes masas del país y a esperarlo todo de la tecnología, el dinero y los empresarios extranjeros. Se les apodó los científicos porque, en educación o en economía y sobre todo en política, aducían que había que regirse por la Ciencia, el más alto valor humano. Pero bajo este padrinazgo, el descoyuntado sistema de saqueo antinacional de los recursos y de dominio absoluto por una exigua minoría venía a resultar un parto científicamente elaborado. No fue entonces extraño que uno de los gritos del pueblo mejicano, al rebelarse, fuera el de "¡Mueran los científicos!".

Termina el primer tiempo. Valle de 20 años, ha regresado a Honduras y ejercerá como maestro por la siguiente década. Ha sucedido una rocambolesca aventura que ha traído, nuevamente, al poder al General Manuel Bonilla y a su socio Samuel Zemurray. Ni el café ni las minas, que impulsaron Soto y Rosa, serán la respuesta económica de la Reforma hondureña. Con Zemurray, se han entronizado las compañías bananeras.

Latinoamérica ha crecido. Sus sistemas administrativos de gobierno se han consolidado. Poseen recursos. Hay bellos teatros nacionales adonde se canta ópera. Fluye el dominante capital extranjero y parten para Europa y Norteamérica los cargamentos de café y minerales. ¡Ay qué tiempos, señor don Simón!

SEGUNDO TIEMPO: LA REVOLUCIÓN MEJICANA (1910-1940)

Rafael Heliodoro Valle no vivió los años más turbulentos de la revolución mejicana. Graduado de la Escuela Normal de Tacuba, en octubre de 1911, salió al mes siguiente del país azteca. La revolución cumplía un año. Porfirio Díaz, que ya tenía ochenta, se empecinó en reelegirse una vez más, y lo hizo. Agotados los recursos legales, el candidato opositor Francisco I. Madero se lanzó a la lucha armada, el 20 de noviembre de 1910. La existencia permitida de una oposición había puesto a Díaz contra la pared.

El dictador resistió hasta finales de mayo de 1911, cuando abandonó su país, con rumbo a un dorado exilio en Francia. Provisionalmente, el aparato burocrático le sobrevivió y en él, la influencia de los científicos. En las eventualidades de ese año de anunciadores cambios, el joven hondureño, a poco de graduarse, podía haber visto truncados sus esfuerzos. Pero "en 1911 y después de muchas privaciones y penurias logró Rafael Heliodoro Valle una beca de medio interno en la Escuela Normal de Tacuba concedida por el Gobierno Mexicano por medio de su Ministro de Educación Pública, Don Justo Sierra".

Con la caída del gobierno, Sierra, aquel gigante sonrosado, como lo llamaba su discípulo, salió del ministerio; el joven Valle conservó su beca y se graduó despidiéndose de sus compañeros y amigos de iniciales inquietudes literarias.

Madero en el poder se distanció y hasta reprimió los movimientos populares agraristas de la revolución; los norteamericanos le negaron el esperado apoyo y conspiraron en contra de él y finalmente fue derrocado y asesinado, el 22 de febrero de 1913 por órdenes del General Victoriano Huerta. Huerta, que había acompañado al dictador hasta el muelle del exilio, prometiéndole felicidad, era de los que querían darle marcha atrás al reloj de la historia. Pero en ese año de 1913, el pueblo mejicano ya luchaba en todos los frentes. Hay una fotografía, muy difundida, que muestra a los jefes revolucionarios

Emiliano Zapata y Pancho Villa con sus respectivos estados mayores en el acto de haberse apoderado de ciudad México.

La capital del emperador azteca que exigía tributos y extraía corazones, la de las opulencias palaciegas virreinales y porfiristas, frente a la que se habían quedado estacionados los ejércitos justicieros del cura Morelos y a la que Iturbide se había apresurado a preservar con el pacto trigarante, había caído en poder del pueblo. Fue el 10 de noviembre de 1914 y es uno de los momentos culminantes de la lucha popular latinoamericana. Pero Zapata y Villa no pudieron formar gobierno. Porque no tenían aún completo control militar y político y estaban enfrentados con Carranza y Obregón.

Porque hacer gobierno era tomar decisiones en cuanto a la propiedad de la tierra, para beneficiar al pueblo y en esto muchos partidarios aconsejaban precaución para no malquistarse con los cercanos Estados Unidos. Desde allá podía venirles una invasión de marines o bien podían interrumpirse los suministros de pertrechos bélicos. En materia agraria, además, no había acuerdo y los jefes revolucionarios seguían planes distintos.

En el sur, los zapatistas ya estaban repartiendo los latifundios entre los campesinos. Allí se vivía de la agricultura y tener acceso a la tierra era vital. En el norte ganadero y árido, las extensas propiedades resultaban lógicas y los villistas no las estaban repartiendo, más bien las estaban incautando, pasándolas a propiedad del Estado, o proponiendo un futuro sistema de propiedad cooperativa. En estas circunstancias les fue imposible acordar un plan nacional revolucionario.

La Reforma Agraria y su consigna de Tierra y Libertad sería una de las grandes herencias de la revolución a toda Latinoamérica. Tuvo un ritmo desacompasado. Después de las recuperaciones, fruto del primer estallido, avanzó tímidamente durante Obregón (1920) y recibió un serio impulso en el gobierno de Cárdenas (1934-1940). Fueron repartidos unos 45 millones de acres, entre doce mil poblados, principalmente bajo la forma de ejidos comunitarios, empleándose también las formas de pequeños ranchos, en el Norte, y de cooperativas en áreas de cultivos de gran escala como el aumento en el nivel de vida del campesinado, cuya propiedad agrícola se complementó con la dotación de escuela, servicios de salud y carreteras, mejorando su poder adquisitivo, que dio apoyo a la emergente industria del país.

Como otras, la revolución devoró a sus hijos y nada más gráfico para representar este drama, que la novela "Los de Abajo", de Mariano Azuela. Venustiano Carranza fue el jefe máximo destinado a frenar el potro de la revolución y el instrumento que concilió, en un plan nacional, a las facciones fue la Constitución, promulgada por Carranza el 5 de febrero de 1917.

Los dorados de la caballería de Villa fueron diezmados por las ametralladoras de Obregón, en la batalla de Celaya (1915) y la división del norte dejó de ser factor beligerante, aunque Villa sobrevivió hasta 1923 cuando fue asesinado en oscuras circunstancias. Bajo el mandato de Carranza, Emiliano Zapata pereció en una emboscada, en abril de 1919. Y el propio Jefe Máximo, que no creía mucho en la letra de la Constitución que había aprobado, sobre todo en el precepto de la no-reelección fue abatido cuando intentaba huir, después de haber pretendido perpetuarse en el mando, en mayo de 1920.

Cuando Rafael Heliodoro Valle retornó a México en 1921, el país estaba en calma y lo gobernaba el General Alvarado Obregón. Había un millón menos de mejicanos, que en 1910. La Constitución de 1917 ha sido considerada como la más avanzada de su tiempo. Proporcionaba, en el marco legal para barrer con los latifundios, desplazar la influencia del clero y regular las operaciones del capital foráneo. Obregón, en alianza con los elementos más radicales, venció la resistencia de Carranza y en el artículo 123 incluyó los fundamentos de un código del trabajo: jornada de ocho horas, derecho a la organización, la contratación colectiva y la huelga, abolición de odiosos anacronismos como la tienda de raya y la servidumbre por deudas.

Carranza, a su vez, aunque muy conservador en cuestiones sociales, era fieramente nacionalista y apoyó las disposiciones constitucionales que hacían de la nación mejicana la dueña absoluta de sus riquezas de la tierra, el agua y el subsuelo. A partir de este derecho inalienable podían concederse explotaciones a nacionales o extranjeros; pero una compañía extranjera de ninguna forma podía invocar la protección de su propio gobierno a resultas de conflictos por tales concesiones, como se solía para justificar la intervención. A las potencias y a las grandes compañías este nacionalismo las alarmó y más aún porque, al parecer, los líderes mejicanos no estaban dispuestos a dejarlo solo en el papel.

Los marines habían asaltado Veracruz, en 1914, contra las fuerzas de Huerta, el gobernante usurpador. Pero Carranza no picó el anzuelo ni entendió que esa intervención favoreciera su causa, por lo que, en vez de pactar con ellos, en nombre de México les demandó la inmediata retirada. La Constitución daba la pauta para regular y negociar la concesiones y las propuestas de los gobiernos mejicanos de Obregón y Calles fueron más bien respetuosas; pero a las compañías como que el sólo hecho de negociar las molestaba, porque no dejaron de tildar a los mejicanos de bolcheviques, o de expresar con escandalizada sorna que había muy poca sangre blanca en su gobierno.

Por eso, los mejicanos celebraron como una nueva declaración de independencia la nacionalización del petróleo decretada por el Presidente Lázaro Cárdenas, el 18 de marzo de 1938. Para completar el rostro nacional y popular del México que sale de su revolución no podían faltar los indígenas. La Constitución protegió los ejidos y declaró nulas todas las disposiciones tomadas desde 1856 y que afectaran las tierras comunales. La suerte de los indígenas quedó ligada a los altibajos del proceso agrario y sus resultados no fueron demasiado espectaculares.

Pero fue importante la recuperación cultural y conceptual del indígena y de su pasado, La sociedad mejicana dejó de sentirse incómoda frente a sus primigenios habitantes y pasó a sentirse decididamente orgullosa. Los agresivos muralistas mejicanos —Diego Rivera, Orozco, Siqueiros—, estamparon las hazañas de los antepasados y los pusieron de pie ante el mundo. Y sin romper la continuidad con muchas de las enseñanzas del viejo régimen, en su promoción del espíritu científico positivo, el Méjico de la revolución saludó a sus indígenas con el homenaje del conocimiento y pronto la rienda antropológica mejicana alcanzó un estatus incomparable y de vanguardia.

En el campo de la educación, los gobiernos de Obregón y Calles chocaron con la Iglesia. La jerarquía rechazaba la secularización de la enseñanza, el papel asignado al maestro como guía espiritual que reemplazaría en los pueblos, al cura. Aliados con propietarios contrarrevolucionarios, fanáticos católicos levantaron focos de insurrección mientras la alta jerarquía anatematizaba a la Constitución, porque hería los más sagrados derechos de la Iglesia Católica.

Los focos de insurgentes fueron controlados pero uno de esos fanáticos, llamados cristeros, asesinó a Obregón, en julio de 1928. Esto no había impedido que cienes y cienes de maestros fueran lanzados a enseñar y alfabetizar en los pueblos, con amplio soporte del gobierno y animados por el entusiasmo que en esta cruzada, en la que educar era redimir, había puesto el Ministro de Educación, José Vasconcelos.

Ese México imponderable que hizo y ganó su revolución dio en hacerse canto y el corrido mejicano es hoy un bien para todo el mundo. Y su reconstituido rostro nacional pasó al cinematógrafo y no hubo nadie en Latinoamérica que no lo compartiera.

INTERMEDIO EN AYACUCHO (1924)

En 1924 se conmemoró el primer centenario de la batalla de Ayacucho, que puso punto final a las guerras de independencia contra España, en el continente americano. El gobierno del Perú convocó a intelectuales de toda América Latina para celebrar la ocasión.

Desde México acudió Rafael Heliodoro Valle y entre otros se hicieron presentes el mexicano Antonio Caso; Ricardo Fernández Guardia, de Costa Rica; el colombiano Guillermo Valencia; Ricardo Jaimes Freyre, de Bolivia; Leopoldo Lugones y Agustín P. Justo de la Argentina y entre los anfitriones José Santos Chocano y José María Eguren.

Plutarco Elías Calles ha sido juramentado ese año como Presidente de México. Como jefe máximo de la revolución le correspondería a Calles ser el artífice de la organización del partido político que habría de ejercer el poder en México a partir de 1929 hasta el presente. También en México, en 1924, ha ocurrido un importante hecho que gravitará sobre el Perú. El estudiante universitario exiliado, Víctor Raúl Haya de la Torre, fundó la Alianza Popular Revolucionaria Americana (APRA) que se convertiría en la organización mayoritaria y en la más perseguida del país andino.

El centenario de Ayacucho encontró al Perú bajo la dictadura de Augusto B. Leguía, que duró de 1919 a 1930. Inversiones masivas de capital extranjero auparon su régimen pero el crack financiero de 1929 lo desbalanceó. Grandes obras públicas y el embellecimiento de Lima, la capital, se realizaron contando con el trabajo prácticamente forzado de las masas indígenas. Pero un aumento crítico de la conciencia cívica y nacional se había venido desarrollando, siendo el problema del indio la reflexión crucial en pensadores como

Manuel González Prada, Luis Valcárcel y Carlos Mariátegui. La Universidad de San Marcos de Lima se convirtió en centro constante de oposición y abierta resistencia contra esta dictadura. La imaginación masiva ha transformado a las sociedades del cono sur. Ello será factor que permitirá superar la vieja y limitada lucha oligárquica entre conservadores y liberales. Son los años del partido radical de la Argentina, lleno de vagas aspiraciones populares, no rcvolucionarias, y con gran poder de convocatoria para las masas urbanas producto de la era aluvial de inmigrantes.

Un hábil conductor, Hipólito Irigoyen, llevó a los radicales al poder pero en 1924, durante la presidencia de su lugarteniente Marcelo Alvear, el partido se dividió en dos facciones. Promesas incumplidas, objetivos imprecisos, crisis económica y los militares desplazarían a Irigoyen del poder en 1930. Por ese entonces, los militares también pondrían fin a la dictadura de Leguía en el Perú, pero en Chile, el golpe había ocurrido ya y precisamente en 1924. El presidente, fruto de una alianza entre liberales y radicales, era Arturo Alessandri.

Desde 1920 había prometido modificar la constitución, reforma educativa, voto femenino, seguridad social, código del trabajo, derecho a huelga y mejor horario laboral. Pero los precios del nitrato se habían venido abajo y en Chile, un Congreso bicameral con predominio oligárquico controlaba la mecánica del gobierno y ejercía permanente censura sobre los miembros del gabinete desde 1891.

A los diputados de extracción más popular se les ocurrió pasar una ley asignándole, por primera vez, un salario a los padres de la patria. De la batahola que armó esta pretensión, se aprovecharon los militares para acabar en 1924, con el llamado parlamentarismo chileno.

Entre tanto, un experimento interesante se está desarrollando en Uruguay siguiendo las ideas del político José Batlle y Ordóñez. Su esquema de gobierno colegiado estuvo vigente entre 1919 y 1930. En su anterior intervención en la vida pública del país, Batlle había hecho aprobar la jornada de ocho horas, una ley de accidentes de trabajo, la supresión de la enseñanza religiosa en las escuelas públicas y la ley de divorcio. A esto, Batlle en el gobierno, había añadido los decretos de nacionalización bancaria, de los servicios eléctricos, ferrocarriles y tranvías. Estos avances darían justa fama a la democracia uruguaya. El gobierno colegiado era bastante complicado. Se trató de evitar el fuerte presidencialismo anterior, colocando junto al presidente de la república un consejo nacional de administración, formado por nueve miembros, electos proporcionalmente entre los partidos mayoritarios. Su funcionamiento no fue muy eficaz. Batlle y Ordóñez murió en 1929; un golpe de Estado en 1933 terminó con el experimento del gobierno colegiado. 1924 fue el año de la muerte de Luis Emilio Recabarren, el fundador del Partido Comunista de Chile, y el año de la columna de Prestes en el Brasil. El gigante dormido era todavía un país predominante rural y, en las ciudades, las condiciones de los obreros eran similares a las europeas, en la primera revolución industrial: jornadas de doce horas, sueldo de hambre y un tercio de la fuerza laboral integrada por mujeres y niños. Para votar se exigía saber leer y escribir, pero la mayoría del pueblo brasileño era analfabeta. El café entraba en crisis por sobreproducción.

En el Ejército, el movimiento de los tenientes u oficiales jóvenes buscaba, junto con la burguesía, desplazar del poder a la oligarquía rural. En 1924, la revuelta militar estalló en Sao Paulo, y se mantuvieron en el control de la ciudad por veintidós días. Desde Rio Grande do Sul avanzó otro grupo conducido por el Capitán Luis Carlos Prestes, a la que se unieron los alzados en Sao Paulo. La columna atravesó el Brasil hasta salir a Bolivia, haciendo un total de catorce mil millas. En esta épica jornada, los jóvenes militares no encontraron respuesta entre sus proclamas. Fue después de la marcha de 1924, que el movimiento de los oficiales jóvenes incorporó amplias reformas sociales a su programa de acción. Luis Carlos Prestes se uniría al Partido Comunista del Brasil, y llegaría ser su líder.

Sus compañeros oficiales se unirían al populista Getulio Vargas y lo instalarían en el poder, después de una serie de insurrecciones militares que pusieron fin a la vieja república oligárquica, en 1930. Dos países sudamericanos, Paraguay y Bolivia, entrarían en guerra, en 1932, por la región del Chaco. En 1924 se darían algunos hechos que conducirían a ese conflicto. Gobernaba el Paraguay, Eligio Ayala, un austero administrador, preocupado por el problema de la tierra. Una de sus soluciones era la colonización del Chaco, región al norte, casi toda ella propiedad de la firma Carlos Casado. Se logró, del poderoso terrateniente, el asentamiento en el Chaco de algunas comunidades menonitas y junto a estos pobladores se fueron estableciendo fortines, pues existía un pleito fronterizo con Bolivia, desde el siglo XIX. En Bolivia, gobierna desde 1920, el Partido Republicano. Apelan al indigenismo y proponen medidas progresistas, pero recién en 1923, habían lanzado al Ejército a masacrar una huelga de mineros. La salida al mar, herida abierta en la conciencia nacional y su búsqueda posible por el río Paraguay es avivada por la expectativa de explotar petróleo en el Chaco.

El negocio petrolero boliviano estaba floreciendo y era totalmente controlado por la Standar Oil que ya tenía millares de hectáreas con ricos yacimientos. Dispuso entonces el gobierno boliviano penetrar en la región del Chaco con una serie de fortines estratégicos que obtuvieron por parte del Paraguay, una similar respuesta, que pronto los llevaría a escaramuzas bélicas y a la guerra. El vecino Ecuador estará, en 1924, entre la represión y el golpe militar. El gobierno del Presidente Gonzalo Córdoba, heredero de la Reforma Liberal instaurada por Eloy Alfaro, en 1895 y basada en la exportación del cacao, tendrá que recurrir al Ejército para terminar sangrientamente las protestas obreras en Guayaquil y las protestas indígenas en el interior, en 1922 y 1923. Pero un grupo de oficiales jóvenes, derrocará, en 1925, a este gobierno, terminando con la total supremacía de la oligarquía liberal cacaotera.

Su poderío económico no sufrirá quebranto pero los militares jóvenes crearían el Banco Central y el Ministerio de Previsión Social y Trabajo, para atender las demandas populares, devolviéndole el poder a los civiles en 1926. Si el Ecuador estaba regido por los liberales, la década de 1920 en Colombia será de hegemonía conservadora. En 1924 gobernaba el General Pedro Nel Ospina y eran los años de su majestad el café, que aportaba el 70% de las exportaciones. Detrás de los mandatarios conservadores que se sucedieron esos años, el poder de hecho radicaba en la Federación Nacional de Cafeteros de Colombia, creada en 1920 (12). El caso de Venezuela parece el de una novela de esperpentos.

En 1924, el país estará inevitablemente bajo el mando de Juan Vicente Gómez, quien sería su total gobernante de 1909 a 1935. Había comenzado a sentar sus reales antes del petróleo, en la era del café y luego se benefició del boom del oro negro. Y bien que lo hizo pues llegó a acumular "551 casas, 445 haciendas agrícolas, 36 hatos, 15 potreros, 67 solares urbanos, 72 fundos innominados, tres vapores y cuatro islas", Gómez se sabía de memoria la vida de Simón Bolívar y sistematizó el culto al Libertador. A su guardia personal y a la vez policía política la bautizó La Sagrada. Llamó Ley de Tareas la que permitía el trabajo forzado, en obras públicas, para reos políticos y comunes. Para su reelección de 1922, autorizada por el Congreso, le acompañaron como vicepresidentes Juan C. Gómez, su hermano y José Vicente Gómez, su hijo. En 1924, el Almanaque Gotha, publicación europea tenida como muy confiable, incluía a Cuba, República Dominicana, Haití y Panamá como protectorados de los Estados Unidos. Cuba era oficialmente independiente, pero los Estados Unidos tenían el derecho a intervenir en sus asuntos, paradójicamente, para proteger su independencia.

Y lo habían hecho permaneciendo en el país de 1899 a 1902, de 1905 a 1909 y de 1917 a 1923, aparte de haber llegado en 1912 a establecer el orden. De las elecciones de 1924, salió para Presidente Gerardo Machado. Las buenas intenciones le duraron poco y pronto se dedicaría a mandar asesinar a los políticos de la oposición y a disolver las huelgas a balazos. Todo fuera por mantener los intereses del capital de los Estados Unidos, flotando siempre en un lodazal de corrupción. De la República Dominicana, en cambio, los marines se marcharon ese año de 1924, después de ocuparlo y administrarlo durante ocho años. El sucesor de los marines fue Rafael Leonidas Trujillo "cuya rápida promoción en la jerarquía militar ellos mismos habían asegurado". Gran amigo de los Estados Unidos, su sangrienta dictadura se prolongaría hasta 1961. Nicaragua no figuró en la lista de protectorados del Almanaque Gotha. En el país centroamericano, los marines habrían de quedarse todavía un año más, hasta 1925, habiendo llegado en 1912 para proteger vidas y bienes de los súbditos norteamericanos, mantener el orden, preservar la opción de los Estados Unidos para la construcción de un canal entre los mares y supervisar el control de las aduanas. Volverían para luchar contra la patriótica insurrección de Sandino y dejarían la misma herencia que en la Dominicana: una guardia nacional y una dictadura, en la forma de la dinastía de los Somoza que no caería sino hasta 1979. Haití, entretanto, estuvo ocupado de 1915 a 1933 por los marines, con los mismos resultados de violentas represiones, saqueo de recursos e instauración de horribles dictaduras, cuyas secuelas aún no se han borrado. El territorio de Puerto Rico había sido decretado como parte de los Estados Unidos en 1922; en 1924, mediante tratado firmado por el Presidente Chiari de Panamá, adonde poseían toda la franja del Canal, se les daba a los Estados Unidos el derecho a la intervención militar, en ese otro país.

Una efímera primavera sobrevino en el país de la eterna primavera, Guatemala, tras caer el dictador Estrada Cabrera en 1920. Los gobiernos subsiguientes de esa década, gozando de cierta prosperidad económica, sancionaron leyes de protección obrera, permitieron la aparición a organizaciones de izquierda, como el Partido Comunista de Guatemala y concedieron su autonomía a la Universidad de San Carlos. Costa Rica, por su parte, está siendo gobernada por don Ricardo Jiménez, quien con don Cleto González como jefes de partido y garantes de los intereses cafetaleros de la meseta central, habían establecido acuerdos políticos que aseguraban la pacifica alternabilidad en el poder. Algunas medidas, con todo, van saliéndose del marco del liberalismo cafetalero; así, la adoptada por don Ricardo Jiménez en 1924 mediante la cual se nacionalizaron y estatizaron los seguros.

En El Salvador "de 1903 a 1931 cada presidente fue electo de la manera apropiada, es decir, escogido por su predecesor y ratificado por un reducido número de electores para servir el periodo de cuatro años que mandaba la Constitución". No hubo reelecciones y, menos uno, todos los presidentes fueron civiles. Las ricas familias cafetaleras ejercían directamente el mando, así a Carlos Meléndez le sucedió en 1919 su hermano Jorge Meléndez y a éste su cuñado Alfonso Quiñónez Molina, que gobernaba en 1924.

Por cierto que en un gran momento económico para el café salvadoreño: en esa década el área de cultivo se incrementó de 170 mil acres a 262 mil, llegando a ser el primer productor centroamericano. Fueron tiempos dorados para la élite, cada vez más exclusivista. La crisis de 1929 arrojaría a esa élite a los brazos de los militares y haría surgir otra vez la dictadura ahí y en Guatemala.

Queda el país cuya historia cabe dentro de una lágrima y en el que había nacido Rafael Heliodoro Valle, hacía treinta y tres años. En 1924, en Honduras se escenifica: la más violenta de las guerras civiles que se habían sucedido. Fue año de elecciones presidenciales, el Partido Liberal se presentó dividido en dos candidaturas frente al Partido Nacional. Como se consideró que ninguno tenía mayoría de votos, el gobierno existente se prolongó de facto, lanzándose los nacionalistas a la revuelta, reclamando fraude. La guerra culminó con un riguroso sitio contra Tegucigalpa, la presencia interventora de los marines yanquis y la aplicación de los tratados firmados en Washington en 1923, según los cuales ningún jefe de movimiento armado victorioso podía ocupar la presidencia de la república después de su insurrección; lo cual impidió el ascenso al poder a Tiburcio Carias, en dicha oportunidad.

En 1924, las cosas están cambiando. Con la gran guerra europea se ha hundido el victoriano mundo de ayer. Surrealismo, cine, jazz, autos, aviones. Fascistas y comunistas reclamando el poder. Latinoamérica vestida de muchacha provocativa ha dado, precisamente, en llamarse así. Millones de inmigrantes la han matizado, sobre todo, en su extremo sur mientras que en México se proclama "Por mi raza hablará el espíritu". Y es que Darío y los modernistas ya la habían apuntado a nuevas formas en el decir y los acentos propios siguen creciendo. Se ensaya en política y se crea en arte. Una impensable crisis económica se está dejando venir encima del capitalismo de los ricos y de los esperanzados latinoamericanos, que creen haber dado los primeros y definidos pasos. Las gorras de los militares van a proliferar al doblarse la esquina de 1930.

En 1924, Latinoamérica ha celebrado el siglo de su emancipación. Pero, siempre adelantándose, en 1923, los Estados Unidos habían celebrado un siglo de la Doctrina Monroe que dice que América es para ellos, los americanos.

TERCER TIEMPO: EL BUEN VECINO (1940-1955)

El 7 de noviembre de 1940, la Universidad de Columbia, de Nueva York, le confirió a Rafael Heliodoro Valle el premio Marie Moors Cabot, en atención a los méritos de su labor periodística. La calidad y el variado interés de los artículos de Valle le habían abierto espacios en numerosos diarios de norte, centro y sur América. Valle y los con él galardonados, Eduardo Santos, expresidente de Colombia, y Agustín Edwards Bello, de Chile, fueron recibidos en la Casa Blanca por el Presidente Franklin Delano Roosevelt, el gestor de la política del Nuevo Trato. Tenía el nuevo trato dos vertientes, al interior, lo que dio en llamarse por el gobierno, propiamente, el New Deal, para lidiar con la crisis económica de la nación, que había hecho estragos desde 1929; y, hacia Latinoamérica, lo que dio en llamarse la política del Buen Vecino, sustitutiva de la del gran garrote, de los intervencionismos y los protectorados.

Finalmente, ambas vertientes habrían de irse por el único cauce de la Segunda Guerra Mundial. Roosevelt, demócrata, accedió al poder en 1933, luego de la década de gobiernos republicanos, en los locos años veinte. La depresión estaba a la orden del día. El New Deal fue su estrategia para enfrentarla. La gran depresión comprendía: más de 13 millones de parados, 4.600 bancos en quiebra, 5 millones de familias viviendo de la caridad pública, la mitad de las fábricas de automóviles cerradas, maquinaria oxidándose en minas abandonadas, cosechas y ganado perdidos porque no valían un céntimo, trabajadores que aceptaban lo que fuera por un dólar, a la semana, desesperación, furia y pánico en las masas.

La estrategia del gobierno de Roosevelt fue la de inspirar optimismo adonde el pesimismo sobraba y para llevar su mensaje a la mayoría de los hogares, el mismo presidente supo utilizar, hábilmente, el nuevo medio de comunicación que era la radio. Además, el gobierno supo comunicar una sensación de febril actividad, de lucha contra la adversidad ante la inercia en que se estaba cayendo por la falta de trabajo. El New Deal, en este sentido, vendría a ser un exitoso programa de relaciones públicas. Se ha sostenido que las medidas del New Deal significaron la introducción en los Estados Unidos de un modelo de estado benefactor, inspirado en las doctrinas de Maynard Keynes.

Según éstas, se exigía la intervención gubernamental en materia económica, para corregir los desajustes del mercado, en lugar del tradicional dejar hacer y dejar pasar. Para otros, estas medidas fueron dictadas pragmáticamente, dada la urgencia del momento; Roosevelt desconocía por completo a Keynes, si bien no puede decirse lo mismo de muchos de sus cercanos colaboradores. Para la derecha norteamericana, el programa de Roosevelt fue comunistoide. Su aceptación por parte de la izquierda puede estar en la base de este juicio. Pese a figuras carismáticas como Eugene Debs o Norman Thomas, la izquierda norteamericana no había avanzado en su intento de crear un partido de masas, a la europea, de tendencia social demócrata.

Después de la I Guerra y la Revolución Soviética, la represión contra los obreros fue en ascenso, ensañándose en los emigrantes que podrían traer el morbo de la lucha de clases. A la vuelta de la depresión y ante el generoso prospecto de ayudar a las masas con programas tangibles del gobierno, la izquierda norteamericana tendería a subsumirse dentro del partido demócrata, sin que ello implicara que el partido demócrata como tal se inclinara hacia el socialismo.

El New Deal no fue un proceso de estatización; pero amplió considerablemente el ámbito del gobierno en los Estados Unidos. Lo primero que se hizo fue restaurar el sistema bancario, que había estallado. "Aun cuando el Nuevo Trato dejó intacto el sistema del control privado de los créditos e inversiones, si alteró marcadamente la relación entre el gobierno y las finanzas". Las noticias financieras, se dijo, ya no se originan en Wall Street. Con la nueva legislación el gobierno logró un mayor control sobre la moneda, supervisión sobre valores y cambios y al acelerarse el gasto público un papel de "socio principal en la administración de la finanzas del país".

Dos leyes de 1933, dentro de los famosos primeros cien días de gobierno, la de Ajuste Agrícola y la de Recuperación Industrial, proporcionando subsidios y créditos salvaron a granjeros, obreros y empleados del desahucio. El gobierno no intervino directamente en los problemas entre capital y trabajo pero manifestó su simpatía hacia el sector obrero. Fue muy eficaz la labor de Francis Perkins, primera mujer que llegó a un puesto ministerial, como Secretaria de Trabajo; el proceso de sindicalización creció y se consolidó y sobre todo conquistó a las grandes empresas: para 1937, después de una huelga, la General Motors había transado con sus obreros y le siguieron la Chrysler, la General Electric, la U. S. Steel y pocos años después, hasta las fábricas del recalcitrante Henry Ford.

La política de empleo se enfiló hacia los jóvenes a través del Cuerpo de Conservación Civil, que en ocho años llegó a enrolar cerca de tres millones para obras de reforestación, control de incendios en los bosques, construcción de presas para evitar la erosión, formación de viveros y lucha contra plagas y erradicación de la malaria. El programa regional más importante, considerado un modelo en su género, fue la electrificación del Valle de Tennessee, adonde la construcción de 25 presas se destinó a controlar las inundaciones, producir nitrato y energía eléctrica.

En pocos años "millones de hectáreas abandonadas habían sido devueltas al cultivo y los vacacionistas se apiñaban en sus lagos artificiales". La actividad de la Comisión Federal de Energía permitió que si al principio del Nuevo Trato, las compañías de electricidad suministraban luz a una de cada nueve granjas, para 1940 lo estuvieran haciendo a ocho de cada nueve. Empleo y obras públicas fue un binomio que benefició a ocho millones de trabajadores y que produjo un millón de kilómetros de carreteras, 125 mil edificios públicos, 8 mil parques, 850 aeropuertos, pero además trabajos a medio tiempo para medio millón de universitarios y millón y medio de estudiantes de high school, tres orquestas: la Filarmónica de Buffalo y las sinfónicas de Utah y Oklahoma.

Bajo el Proyecto Federal de las Artes, se gestaron más de mil publicaciones, entre ellas, las guías de los Estados, el Teatro Federal montó obras clásicas y contemporáneas, se apoyó al circo y los títeres y se dieron fondos a literatos para escribir sus obras y a historiadores para hacer investigación. Después de las contradicciones y abulia del gobierno anterior, Roosevelt y su equipo tomaron en los primeros tres meses, las decisiones centrales del New Deal y la recuperación comenzó. Su victoria había sido aplastante y sus proyectos pudieron pasar rápidamente por la aprobación del Congreso. La recuperación fue lenta, los subsidios del Estado benefactor eran un alivio, no una solución y la mentalidad norteamericana se resistía a lo que muchas veces interpretaba como limosnas. Aún seguía siendo cierto para muchos negros norteamericanos lo de ser los primeros en ser despedidos y los últimos en ser contratados. 1938 fue un mal año económico, en parte, porque al presidente le aconsejaron frenar el gasto público y ello fue contraproducente. El espíritu conservador no se daba por vencido y se había enquistado en la Corte Suprema de Justicia, que empezó a producir veredictos de inconstitucionalidad para muchas disposiciones por atentar contra la autonomía de los Estados o la libertad de las empresas, contribuyendo a contener el proceso.

El pueblo norteamericano reeligió a Roosevelt para un segundo, un tercero y un cuarto períodos, muriendo en el ejercicio de su cargo en 1945. Pero un rescoldo de amargura debió de quedar en el presidente, aquejado de parálisis, y en su equipo, puesto que no fueron las medidas del New Deal las salvadoras de la economía, sino que la Guerra Mundial. En efecto, la guerra supuso para los Estados Unidos una ascensión vertiginosa. Hay que tomar en cuenta que la guerra nunca llegó al territorio de los Estados Unidos y que los efectos económicos debidos a la contienda, y que habrían de ser beneficiosos, comenzaron desde 1939, cuando las hostilidades se iniciaron en

Europa, mientras que los Estados Unidos se sumarian al conflicto, prácticamente hasta 1943, después del ataque a Pearl Harbor.

Las exportaciones superaron desde 1941 las de 1920, año anterior más favorable, diez mil millones frente a ocho mil millones, pero el excedente se duplicó al rebajarse las importaciones desde Europa. Gracias al esfuerzo federal, la planta industrial aumentó en un 50% entre 1939 y 1945. En ese período, la producción de máquinas se cuadriplicó y la de medios de transporte se multiplicó por siete. Con un índice de base 100 para 1939, la producción industrial alcanzó 243 en 1943 y la producción agrícola 136 en 1945. En la industria bélica, los Estados Unidos poseían unos mil aviones y mil tanques en 1942, cinco años después tenían 300 mil aviones y unos 90 mil tanques. "Así, al terminar el conflicto, el Gobierno poseía más del 90 por ciento de la capacidad instalada para la producción de aviones, de buques, de caucho sintético y de magnesio; el 70% de la capacidad de producción de aluminio y el 50% de las de máquinas herramientas". Factorías siderúrgicas, fábricas de productos químicos, refinerías de petróleo, extensos oleoductos fueron construidos por el Gobierno. Toda esta planta industrial revirtió después al sector privado. El esfuerzo bélico, los contratos y pedidos del gobierno, favorecieron la concentración industrial, de modo que "después de la guerra 135 sociedades controlaban el 45% de las instalaciones industriales de los Estados Unidos y estas 135 sociedades aseguraban cerca de la cuarta parte de los bienes manufacturados del mundo entero".

Porque la destrucción causada por la guerra, dejó a los Estados Unidos como única gran potencia intacta y sobre reforzada. El pleno empleo, que parecía utópico en la gran depresión, se consiguió. Aunque se movilizaron once millones de personas para la guerra, el número de trabajadores aumentó en diez millones, la mitad de ellos, mujeres. Un pacto con las organizaciones obreras congeló las huelgas y la producción nunca se detuvo. Y mientras los países europeos experimentaban sensibles mermas de población, la de los Estados Unidos aumentó y se volvió más joven.

En la década de los treinta, en años de crisis, la población subió en nueve millones; en la década siguiente, a pesar de la guerra, la población subió en 19 millones, índice de la pujanza y de la sangre nueva adquirida por el país que se había colocado en la cima de la dominación mundial. Con Latinoamérica, la buena vecindad se sustentó, en un principio, en las declaraciones del Presidente Roosevelt, que con su estilo bonachón y paternalista supo comunicar la idea de que otros tiempos habían llegado para las relaciones entre las dos Américas. En 1933, los últimos marines habían salido de Nicaragua y se esperaba que nunca habrían de regresar a ningún país. Estados Unidos conservó lo adquirido: Puerto Rico, la Zona del Canal, la base de Guantánamo en Cuba, las islas Vírgenes. En 1934, se determinó ponerle fin a la ocupación en Haití; se abolió la enmienda Platt con Cuba y luego el acuerdo con Panamá, que permitían a los Estados Unidos intervenir en sus asuntos internos.

La II Guerra sensibilizó, con orquestación norteamericana, los sentimientos de solidaridad continental y el llamado espíritu panamericanista. Diversas reuniones interamericanas fueron preparando el terreno para que todo el continente entrara como bloque político a las Naciones Unidas, de furgón de cola de los Estados Unidos. Aunque algunos países del cono sur fueron un tanto reticentes, todos terminaron por declarar la guerra a las potencias del Eje; México y Brasil enviaron contingentes armados.

La lucha antifascista promocionó, también, un espíritu de lucha en favor de la democracia. La crisis económica y el ambiente bélico habían hecho proliferar las dictaduras en casi toda Latinoamérica. Una de éstas, la de Tiburcio Carías Andino, en Honduras, quien, electo en 1933, se había hecho reelegir por sus partidarios en el Congreso, por dos veces consecutivas sin consulta popular. Se esperaba del buen vecino su colaboración para democratizar estos países. Pero aquí comenzó a darse una ambigüedad que con los años aumentaría: los Estados Unidos tenían que respaldar movimientos democráticos y salvaguardar sus intereses estratégicos y económicos; pero en caso de elección se decidían por lo segundo. Aunque esto implicara apoyar dictaduras como las de Somoza y Trujillo.

Una piedra de toque era el nacionalismo, en los movimientos políticos latinoamericanos, en gobiernos autoritarios o constitucionales. Se había atemperado en México, después de Cárdenas, pero rebullía por otros lugares. Ponía en peligro las inversiones norteamericanas y la política de bloque panamericanista, bajo control de Washington. Líderes como Getulio Vargas o Juan Domingo Perón, los llamados populistas, no se ajustaban al esquema. Proponían sistemas que rompían la cáscara del parlamentarismo liberal, apelaban e imantaban a las masas obreras con su oratoria y eran seguidos por ellas. Debido a eso y con cierta mala fe, se les comparaba con Mussolini.

Perón nacionalizó la banca, los ferrocarriles, los seguros, la marina mercante, la energía eléctrica, las aerolíneas. Un golpe militar pronorteamericano terminó con el populismo de Vargas en 1945, Perón fue derrocado en 1955, después de doce años de mandato en olor de multitud. Las medidas de los populistas no fueron siempre muy eficientes, hubo corrupción y se reprimió a numerosas personas y organizaciones populares. Pero quedaron como infructuosas y un tanto aparatosas tentativas latinoamericanas por buscarse un camino propio.

La guerra fría iba cercenando esa posibilidad. Vencidos los fascistas, el guerrerismo norteamericano encontró en "el expansionismo ruso" un nuevo enemigo. El Buen Vecino efectuó una división ética del mundo: estaban los amigos de los Estados Unidos y por la otra parte, los no-amigos de los Estados Unidos, o sea, los malvados. Y para ser un amigo no era necesario profesar el comunismo o ser aliado de la Unión Soviética. Bastaba con la pretensión de no seguir las directrices norteamericanas, con insinuarse, en nombre de un pequeño interés nacional, en contra de las inversiones o posiciones estratégicas norteamericanas. El caso más lamentable en esta faceta de la Guerra Fría fue la invasión a Guatemala. Aquí se cumplió la fábula de que el tiburón no puede menos que comerse a la sardina, según la escribiera Juan José Arévalo, presidente de Guatemala de 1945 a 1950.

El movimiento de Arévalo había puesto fin a la última dictadura cafetalera de Guatemala, la de Jorge Ubico. Durante el gobierno de este pedagogo se había establecido el Seguro Social, promulgado el Código del Trabajo y fundado el Instituto Indigenista.

En agosto de 1945, Rafael Heliodoro Valle estuvo en Guatemala, invitado por el presidente Arévalo para la inauguración de la Facultad de Humanidades de la Universidad de San Carlos, que lo nombró su profesor honorario. Valle le hizo una entrevista a Arévalo que publicó el Excelsior de México, seguida por un artículo que apareció en La Opinión de los Ángeles. Arévalo le confirma a Valle su fe democrática y su confianza en que los gobiernos dictatoriales habrían de desaparecer de Latinoamérica. El sucesor de Arévalo, Jacobo Árbenz Guzmán centró su administración en el proceso de Reforma Agraria. La Ley respectiva se aprobó en junio de 1952. De inmediato, la United Fruit Company consideró que sus intereses bananeros y, por lo tanto los de los Estados Unidos, estaban siendo amenazados.

Asimismo, John Foster Dulles, Secretario de Estado y abogado de la dicha Compañía, aceptó la reclamación de la frutera. De inmediato Alien Dulles, hermano de John Foster y director de la CIA, se encargó de preparar el plan para derrocar a Arbenz, que fue llevado a cabo, con matemática precisión por la CIA, el Departamento de Estado y la United.

En 1954, Rafael Heliodoro Valle era Embajador de Honduras ante el gobierno de los Estados Unidos. Por su oficina en Washington no pasaron, ni necesitaban pasar, los hilos de la trama contra el gobierno de Guatemala. Pero autoridades hondureñas si tuvieron un conocimiento cómplice de algunos de los preparativos hechos por la CIA, desde el territorio nacional. Desde aquí partió Carlos Castillo Armas, general escogido para comandar una invasión en la que fueron claves el aparato propagandístico radial montado por la CIA, que atemorizó y descontroló a la población, y la defección del Ejército guatemalteco de la lealtad a su gobierno.

Árbenz abandonó el poder el 27 de junio de 1954. La operación fue todo un éxito para el buen vecino. Ultimo Tiempo: entre la revolución cubana y la revolución sandinista (1955-1979) El nombramiento de Rafael Heliodoro Valle como Embajador de Honduras en los Estados Unidos, por el gobierno de Juan Manuel Gálvez, en febrero de 1949, y su remoción intempestiva del cargo por el gobierno de facto de Julio Lozano Díaz, el 1 de marzo de 1955, figuran como los momentos más discutidos en la vida del escritor. Gálvez era el sucesor del dictador Carías.

Valle había adversado a Carías. No fue un exiliado, pues ya residía en México, pero, por ejemplo, a renglón seguido del líder de los exiliados y opositores, José Ángel Zúñiga Huete, había firmado, el 26 de noviembre de 1943, una Carta Abierta al dictador de Honduras en la que se le exigía que abandonara el poder.

Valle vio en Gálvez la oportunidad de que éste pudiera promover una ansiada apertura política, tras largos diez y seis años de intolerancia y represión. Y la apertura se dio y su nombramiento fue un botón de muestra, si bien le acarreó animosidad y desdén por parte de los opositores más recalcitrantes o puristas.

Despedido de la diplomacia, Valle retornó a la vida privada, residiendo en México, adonde un masivo ataque al corazón puso fin a su vida, el 29 de julio de 1959, a la edad de 68 años cumplidos. El espacio de tiempo americano que comprende este último período queda post mortem, casi todo él, a la presencia de Valle y tiene como eje un acontecimiento sucedido algunos meses antes de su deceso.

El 1 de enero de 1959, el dictador Fulgencio Batista había huido de Cuba. Las fuerzas de Che Guevara y Camilo Cienfuegos habían ocupado La Habana. Los barbudos de Fidel Castro habían triunfado. Este momento de triunfo representó un cambio cualitativo para los movimientos populares de América Latina, sobre todo si se le relaciona con la reseñada toma del poder por Villa y Zapata, cuarenta y cinco años atrás. Porque a diferencia de ellos, Fidel Castro sí formó gobierno y una de sus primeras decisiones fue la de concentrar el poder en el ejecutivo y prescindir del sistema parlamentario de elecciones y partidos.

El dominio norteamericano sobre Cuba había sido más diverso y profundo que sobre cualquier otro país. Proponerse una Reforma Agraria, más que un problema interno, conducía a tocar intereses norteamericanos. El negocio azucarero, fuente principal del presupuesto cubano, no podía ponerse al servicio de la nación, sin lastimar a empresarios norteamericanos. Hasta una reforma moral era materialmente imposible dado los intereses que en materia de hostelería, turismo, cabarets y juegos de azar poseían en la isla, negociantes gringos que más tenían de gánsteres y traficantes, que de gerentes. Estando así las cosas, las relaciones entre los Estados Unidos y Cuba se fueron conduciendo como un pleito entre un viejo padrastro sordo y encallecido y una joven mantenida en forzada adopción, súbitamente rebelde.

Castro expropió las refinerías norteamericanas cuando se negaron a procesar petróleo soviético, que Cuba había adquirido a más bajo precio. Los Estados Unidos suprimieron la cuota azucarera cubana. Castro expropió algunas empresas norteamericanas más. Estados Unidos decretó un embargo sobre sus exportaciones a Cuba. Castro expropió la Sears, la Coca Cola y cuantiosos depósitos de níquel que el gobierno norteamericano consideraba de su propiedad. Entre tanto, en 1960, Fidel había establecido relaciones con la Unión Soviética, la cual se había comprometido a recibir, en 1961, un millón de toneladas de azúcar cubana. No bien comenzó 1961, Estados Unidos rompió sus relaciones con Cuba. Fue el último acto del gobierno republicano de Eisenhower de cara a la isla, siendo el primero del gobierno demócrata de John F. Kennedy dar el visto bueno a la CIA para llevar adelante su plan de invasión a Cuba. Los invasores fueron derrotados en Bahía de Cochinos y un mes después, en mayo de 1961, Fidel proclamó el carácter marxista leninista de su revolución y su identificación con el socialismo.

La lejana Unión Soviética se convirtió en el principal aliado de Cuba, mientras que los cercanos Estados Unidos pasaron a ser sus viscerales enemigos. Esta pugna, que alcanzó su clímax en la llamada crisis de los mísiles soviéticos, en octubre de 1962, tuvo lugar al tiempo que la revolución cosechaba sus mejores éxitos. Hubo reforma agraria, desapareció el latifundio y se crearon las llamadas granjas del pueblo. El nivel de vida de los obreros agrícolas y urbanos mejoró en un 40% en los salarios y en un 20% en la capacidad adquisitiva. El consumo de carne subió en un 100%; la renta por la vivienda disminuyó sensiblemente. Los índices de escolaridad y sanidad comenzaron a ascender a límites no compartidos por alguna otra sociedad latinoamericana. Estos éxitos fueron acompañados, desde luego, por numerosas dificultades. No se logró la ansiada diversificación de la producción y a partir de 1963, los líderes cubanos volvieron al esquema monocultivista de producción intensiva de azúcar. Pese a la apertura de fluidas relaciones con la Europa del este, el embargo norteamericano se dejó sentir, al carecerse de repuestos y equipo. Medidas precipitadas provocaron escasez y racionamiento de artículos de consumo, a mediano plazo, como en el caso de la carne, cuya mayor demanda condujo a una merma drástica de la cabaña. Importantes cantidades de profesionales y técnicos, educados en la tradición liberal representativa, resistieron el centralismo socialista del régimen y emigraron hacia Miami, sede de grupos muy beligerantes en su anticastrismo y publicitados por los Estados Unidos como el verdadero espíritu de Cuba. Analistas norteamericanos asertan que "sin lugar a dudas, la mayoría de los cubanos resultó beneficiada con la revolución".

Cuba vino a representar la sociedad más igualitaria entre todas las de Latinoamérica y las clases populares eran las más favorecidas. Con empleo seguro, bajos alquileres, centros vacacionales, el presupuesto de educación más alto en Latinoamérica, así como la relación entre el número de médicos por pacientes. Según estos analistas, en la Cuba revolucionaria se erradicó el hambre y la mendicidad lo cual parecía un insólito sueño para los otros países, ajenos al impacto de una revolución socialista. La ruptura de los Estados Unidos con la Cuba "Castro-Comunista" y de Fidel con el "Imperio Opresor" contagió a Latinoamérica.

Estados Unidos logró aislar a Cuba de los otros países del continente. Cuba fue suspendida de la Organización de Estados Americanos (OEA) y los dirigentes de la denominada izquierda democrática, particularmente Rómulo Betancourt y José Figueres, rompieron con Fidel. El Alegato era el de que Castro mismo se aislaba al proscribir el sistema de elecciones y libre juego de partidos políticos. Betancourt podía añadir que igual tratamiento de ruptura había aplicado hacia la dictadura de Trujillo, en la República Dominicana. Pero, a excepción de México, que en aplicación de la doctrina Estrada, nunca rompió con Cuba, el tratamiento fue siempre distinto.

Ni por parte de los Estados Unidos, ni por parte de los así definidos democráticos países latinoamericanos se generaron exclusiones de los organismos internacionales o cancelación de relaciones diplomáticas para con las dictaduras militares, por más ilegales y sangrientos que hubieran sido sus orígenes, como la de Pinochet en Chile, en 1973, o por más crueles y represivos que hubieran sido sus métodos, como los de los gobiernos militares de Argentina y Brasil. Y es que la constitucionalidad democrática era muy frágil en casi todos los países; pero mientras no se tocaran los intereses norteamericanos, los golpes de Estado y la suspensión de los derechos ciudadanos podían sucederse, sin ser rechazados del conclave de las naciones libres.

Las relaciones de Cuba con sus hermanas hemisféricas tuvieron que ser subterráneas y dirigirse, fundamentalmente, hacia los partidos comunistas y de izquierda y hacia los movimientos guerrilleros. El internacionalismo directo de Cuba, en Latinoamérica, alcanzó su ascenso y su declive con la captura y muerte del Che Guevara en Bolivia, en 1967. Luego el internacionalismo se enfiló hacia insurgentes o gobiernos marxistas africanos. La mano de Castro quiso verse en la República Dominicana, después del asesinato de Trujillo, que ocurrió en 1961. Todo mundo esperaba la democratización por la vía eleccionaria.

En 1963, Juan Bosch, el más izquierdista de los líderes de la izquierda democrática, fue electo presidente. Meses después fue derrocado por los militares herederos del trujillismo. Nada hicieron ni manifestaron los norteamericanos entonces. Pero en 1965, cuando ya estaba por triunfar un movimiento constitucionalista y nacionalista, comandado por el Coronel Caamaño, que repuso a Bosch en el poder, los Estados Unidos enviaron a sus marines, como en los viejos tiempos del garrote, para salvar a los militares golpistas. Se dijo que Caamaño y sus seguidores eran comunistas, agentes de Fidel Castro. John F. Kennedy intentó establecer una mediación entre la revolución y la represión con su programa de Alianza para el Progreso. Su concepción fue, hasta cierto punto modesta, si se mide todo el grave problema de la pobreza en Latinoamérica y su espíritu fue tan corto como la trayectoria del asesinado presidente. Además, disparó el endeudamiento externo y acentuó la dependencia de los gobiernos de Latinoamérica con los organismos financieros y de ayuda norteamericanos, en especial con la AID y con la tecnocracia de estos organismos.

Llegamos, pues, al 19 de julio de 1979, día del triunfo de la Revolución Sandinista sobre la dictadura de la dinastía Somoza. Era la última que quedaba como herencia de los marines, el control de las aduanas, la depresión. Y se había derrumbado. La oposición a Somoza fue tan universal, tan compartida por todos los sectores de la sociedad nicaragüense y tan alentada internacionalmente, que hubiera sido torpe buscar detrás de ella la mano de Fidel Castro. Fidel, en todo caso, había jugado el papel de buen componedor entre las tres distintas tendencias que componían el Frente Sandinista de Liberación Nacional, unidad que una vez lograda, dinamizó aún más la lucha. Con el triunfo, los movimientos populares de la región doblaron sus esperanzas.

Latinoamérica, tras el fracaso de otras guerrillas y de vías pacíficas como la de Salvador Allende, en Chile, derrocado en 1973, agobiada por las botas militares, recibió como un signo de buen augurio aquella joven revolución que surgía debajo de las todopoderosas barbas de Tío Sam. Y mientras se entona este renovado canto de vida y de esperanza, concluyen los tiempos de esta historia. Entre estas dos revoluciones, la cubana y la nicaragüense transcurrieron, exactamente, veinte años. Todos ellos comprendidos en la vida post mortem de Rafael Heliodoro Valle, cuando su memoria se iba apagando.

Valle había escrito mucho, muchísimo; pero, sobre todo, para las nuevas generaciones de hondureños, su obra había quedado dispersa en miles de artículos periodísticos y de revistas en el exterior, y en numerosos libros editados en otros países. Era, sigue siendo, difícil leer, directamente, a Valle. Contribuyó, también, a alejarlo de nosotros el resentimiento que produjo en el círculo de sus allegados la forma en que se le había sustituido de su cargo. Valle, con justa indignación, ofreció al público las explicaciones del caso. Su gazapo consistió en escribir sobre el juicio limítrofe entre Honduras y Nicaragua, como si éste aún estuviera pendiente. Y tanto lo estaba que aguardaba el fallo, al que ambas naciones se habían sometido, del Tribunal Internacional de La Haya.

El diario de oposición, de aquellos que antaño lo consideraron un correligionario, levantó el escándalo, motejándolo de traidor. Valle se atrevía a poner en entredicho el Laudo del Rey de España, dado en 1906, lo cual no se contenía en su escrito; Laudo que, por otra parte, Nicaragua nunca aceptó y debido a eso, el litigio continuaba. El gobierno de facto no quiso ser menos patriotero que los opositores y además el puesto de Embajador en Washington era ambicionado por políticos o familiares del circuito oficial.

A Valle, sin más, se le destituyó por cablegrama. Tanto el revanchismo de unos como la prepotencia de los otros participantes en la intriga "que ha arruinado mi salud"; le ocasionaron una herida de la que nunca se repuso. Personal adscrito a la Embajada le conminó a entregar su pasaporte diplomático y, con instrucciones del gobierno, le trataron como a un indeseable.

Al mismo funcionario que a los tres meses de su actividad había organizado el Ateneo Americano de Washington, del cual fungía como Presidente y por cuya cátedra habían desfilado connotadas figuras de la política y de las letras hispanas. Hubo otras razones que motivaron, así mismo que la memoria de Valle se difuminara y que son propias del tiempo histórico de este último período. No fueron años propicios para la tolerancia liberal, talante en el que se habían movido Valle y muchos otros intelectuales de aquellas generaciones; al contrario, fueron años de polarización entre derechas e izquierdas. El buen decir, el escribir galano y amable, afín al postmodernismo en que se clasifica a Valle, ya no estaba en los usos; al uso venía a estar un decir denunciador, agresivo, comprometido.

Dado el desinterés que en nuestra región ístmica le han demostrado las derechas a la cultura y el poco interés de las izquierdas por los no partidarios, resulta lógico el mutis de Valle de la escena. Y aún otra razón: el espíritu latinoamericanista, tal como había sido entendido por aquellas generaciones, perdió mucho de su vigencia. Las circunstancias obligaban a definirse y antes que latinoamericano se era de derecha o de izquierda; el Imperio aplicó sabiamente el divide y vencerás y cada nación pareció volcarse sola hacia los persistentes problemas propios. Fue habiendo menos Latinoamérica que en las décadas anteriores, a pesar de los avances en los medios de comunicación y sobre este terreno era fácil olvidar la memoria de un latinoamericanista, como siempre lo fue Rafael Heliodoro Valle y otros de los de aquel entonces. Todo esto es historia. Son hechos del pasado que hemos traído desde un lejano1870 hasta un próximo 1979, que están ahí para nuestro análisis y reflexión. Cabe, dentro de ellos, la vida, los afanes y la producción de un escritor hondureño y latinoamericano, Rafael Heliodoro Valle, cuyo centenario de nacimiento se cumple en este 1991.

Hoy, las circunstancias nuevamente están cambiando. Los movimientos guerrilleros están deponiendo las armas y se ha producido la perestroika, con sus inesperadas consecuencias.

Los sandinistas ya no ocupan un poder revolucionario en Nicaragua; la debacle del socialismo, la edad biológica de Fidel y su prolongado mandato, con recrudecidas dificultades económicas apuntan a cambios en Cuba, que, según acontezcan, habrán de marcar los alcances obtenidos por la revolución cubana. Son tiempos que nos reclaman más honestidad y objetividad, antes que cualquier tipo de sectarismo.

Conforme a los índices de desarrollo humano que ahora sirven a las Naciones Unidas para promediar la calidad de la vida, en los países del mundo, sobre variables que no son, únicamente, el ingreso per cápita, Honduras aparece en la Tabla en la posición 100, sobre 160 naciones, con una calificación de bajo desarrollo humano. Es cierto que Guatemala, Bolivia y Haití figuran después que Honduras pero Chile nos aventaja por 62 puntos. Costa Rica por 60; México por 55; Cuba por 38; Belice por 33. Son estadísticas muy frías que retan, seriamente, a la sociedad hondureña a decidir si quiere o no seguir viviendo su historia dentro de una lágrima.

POR MARCOS CARÍAS. Publicado en la Revista de la Academia Hondureña de la Lengua No 9, julio-diciembre de 2023.

RAFAEL HELIODORO VALLE Y EMILIA ROMERO DE VALLE **POR ERNESTO DE LA TORRE VILLA**

México es país que fascina y atrae. Arraiga a quienes le comprenden y atienden con interés, a quienes penetrantemente intentan desentrañar su belleza y enigma. Nuestra realidad geográfica puede agradar o no, pero nunca será indiferente, nunca dejará de imponerse a quienes nos observan con atención. De ahí los juicios positivos y negativos en torno nuestro; de ahí la admiración o el desprecio que suscitamos.

Los testimonios que los extranjeros nos han dejado sobre México son numerosísimos y todos ellos son de extrañeza admirativa o de censura. Pero, más que un sentimiento del que ha quedado un testimonio, importa advertir que la atracción que nuestro país ejerce es, en ocasiones, tan potente y definitiva, que prende en sutiles pero potentes redes a quienes se asoman a él, a quienes se internan, principalmente por voluntarias razones, en sus abiertos valles, azuladas montañas, exuberantes tierras cálidas e imponentes y avasalladores desiertos; a quienes aprenden a respetar nuestra manera de ser, a entender nuestra cultura en sus expresiones espirituales y materiales: tanto las más delicadas cuanto las más ordinarias y comunes.

La aculturación o transculturación que México opera en los foráneos es tradicional. Va desde Gonzalo Guerrero y Cortés hasta los más recientes emigrantes avecindados en México. "Don Hernando Cortés decía Valle, al gustar la hamaca y el clima tropical de estas tierras, gozar de sus mujeres, saborear el fresco chocolate y sentir la admiración indígena, se fundió en nuestro suelo, en el que dejó simiente espiritual y física siempre presente".

Si cierta es esa atracción, también es cierto que no todos los extraños dejan testimonio de su paso por México ni menos que todos ellos se funden en nosotros, de tal modo que lleguen a ser parte integrante de nuestra colectividad; que inserten su acción y aliento en nuestra cultura al punto que formen parte de la misma, la acrecienten y scan inseparables de ella.

Uno de los más ejemplares casos de adaptación es el del escritor Rafael Heliodoro Valle. Nacido en Comayagüela, Honduras, el 3 de julio de 1891, llegó a México en 1908, esto es a escasos diecisiete años, al iniciar su juventud. Su interés por México partía de tiempo atrás, cuando sus aficiones por la cultura e historia mexicana le llevaron a preparar una disertación en torno de Benito Juárez, la cual habiendo obtenido el primer lugar, le permitió conseguir la beca que Justo Sierra ofrecía a estudiantes de otros países para proseguir sus estudios en México.

En la Escuela Normal realizó su carrera que le confirió el título de maestro. Como todo estudiante, su situación económica fue difícil y así tuvo que desempeñar numerosos trabajos. "Era tal el apremio en que vivía —narraba en cierta ocasión— que hasta clases de baile tuve que impartir". Con gran vocación literaria, destacó entre sus condiscípulos; sus maestros, quienes se percataron de su alta calidad humana e intelectual, le estimularon en sus estudios y trabajos en el campo de las letras.

Recién arribado a México, a más de participar en el Congreso de Estudiantes celebrado en 1910 y en el cual tuvo actuación muy lúcida, fue entre sus compañeros designado para saludar en nombre de los estudiantes de México al ilustre historiador y maestro don Rafael Altamira. En 1911 lee en ocasión de un aniversario juarista su Oda a Juárez, de la cual son estas cuartetas:

¿Con qué carne más pura amasaron tu rostro?
¿Qué tallador de vidas trasladó tus quimeras
a los nobles basaltos? Padre, ante ti me postro
y clavo aquí mis versos como un haz de banderas.

¡Oh Capitán civil! Tu levita cruzada
sobre el sendero amargo se va haciendo jirones:
se empolva con los nácares de la noche estrellada
y tiene los remiendos que hay en tus pabellones.

Sus merecimientos le valieron la amistad de Justo Sierra, de Juan de Dios Peza, de Salvador Díaz Mirón, de Luis G. Urbina, de Rafael López, maestros y ejemplo para el joven poeta que en él había. Ya radicado en México, coetáneo de brillante generación, se une a ella y compartirá anhelos y aspiraciones con Manuel Toussaint, Rafael García Granados, Federico Gómez de Orozco, Pablo Martínez del Río, Luis Chávez Orozco, José de J. Núñez y Domínguez y otros más.

Lleno de nobles ambiciones intelectuales, con una obra literaria que le prestigiaba, pero deseoso de lograr con su propio esfuerzo distinciones académicas superiores, prosiguió humilde y pacientemente sus estudios hasta obtener en la Facultad de Filosofía y Letras, en donde ya era maestro por sus propios merecimientos, el doctorado en historia, para el cual redactó su Cristóbal de Olid, conquistador de México y Honduras. La Universidad, en reconocimiento a su acendrada labor magisterial y americanista, habría de concederle más tarde el grado de Doctor Honoris Causa en emotiva ceremonia celebrada en el Paraninfo, en la cual otorgóse mención semejante a ilustre peninsular, a Rafael Sánchez de Ocaña.

Incorporado al magisterio, Rafael Heliodoro Valle dictó cátedras —auténticas por su transparencia, comprensión y amplio sentido humano— de literatura, historia, gramática, periodismo. La Escuela Nacional Preparatoria ya le tenía por los años veinte como uno de los maestros más destacados, y como un forjador de vocaciones, auténtico guía. El Colegio Militar, la Escuela Normal, la Facultad de Filosofía y Letras de la Universidad, le contaron como parte de su personal docente.

En esos planteles, en claras explicaciones, estilo jovial, y dominando la difícil facilidad de enseñar, disertaba sobre las letras o la historia patria, los escritores y los prohombres americanos, sin pasiones, con justeza, equilibradamente, señalando errores y aciertos, hallazgos y deficiencias. Fue en la enseñanza, en el despertar vocaciones, auténtico maestro.

Generoso y limpio, tendió la mano a cuantos lo necesitaron; no escatimó el elogio y el estímulo, el consejo y la ayuda. Numerosas generaciones tuvieron el privilegio de contarlo como maestro, y en todas ellas sembró la simiente del estudio, de la investigación, del cultivo literario. Muchas generaciones anteriores a la mía le recuerdan como guía y amigo y muchas más posteriores aún escucharon su palabra sonora, su risa franca, contagiosa e incontenible, su ironía fina, sus observaciones luminosas que, por claras, aparecían tan sencillas pero que encerraban profunda penetración, reflexión intensa frente al acontecer histórico, la conducta humana, el valor poético. Todos cuantos estuvieron a su lado le recuerdan por su labor enseñante. ¡Cómo lo han evocado Salvador Azuela y los miembros de su generación, la generación de vasconcelistas, por su actitud franca, honesta y ejemplar! ¡Cómo lo ha pintado Antonio Armendáriz y Arturo Arnaiz y Freg! El primero nos dice: "Valle resulta amable para sus amigos y conocidos porque en un medio tan abandonado a la mezquindad, donde no extraña que la maledicencia paralice la voluntad, es natural que destacara la acción benéfica de un hombre que como él, parecía haberse impuesto el propósito de no sólo incitar a los jóvenes hacia la faena periodística, tan ingrata como pródiga en grandes satisfacciones espirituales, sino que, además, indefectiblemente le encontramos por todas partes abriendo puertas a la esperanza; hablando siempre en favor de los jóvenes primerizos y presentándoles con encomio, hasta conquistar la oportunidad para quienes fueron capaces de no perderla ni bajo condiciones de signo adverso".

Y Arturo Arnaiz y Freg quien tanto sintió el auxilio del maestro afirma: "La bondad de su corazón le permitía estimular, elogiar y destacar el valor de los demás, de la manera más entusiasta. Durante varias décadas, supo ser el testigo más alerta de nuestro paisaje cultural. Fue siempre el primero en señalar que en algún joven iberoamericano surgía un estudioso, el primero en dirigirle palabras de aliento y en escribir sobre él elogios que tenían como base —más que otra cosa— su extraordinaria generosidad".

Su vocación y capacidad magisterial eran en Valle auténticas y firmes. En varias ocasiones señalaba cómo a algunos educadores hondureños y en México a Justo Sierra, a Ezequiel Chávez, a José Vasconcelos los había sentido como genuinos maestros, como inspiradores y orientadores de su labor. Maestro normalista, comprendía el esfuerzo por iluminar mentes infantiles y su actitud ante la juventud a la que despertaba al descubrimiento de la poesía, a la penetración de la acción humana que forja la historia, a la comunicación de la información oportuna, necesaria y correcta, le hizo mantener un respeto sacrosanto al maestro, una veneración que se traslucía siempre en su actitud respetuosa hacia sus mayores y que plasmó ya desde sus primeros versos. En Elogio al Maestro, poesía que leyó en la inauguración de la Escuela Normal de Profesores de México el 12 de septiembre de 1910, al evocar a uno de los educadores más connotados dirá:

¡Ese pastor de júbilos, que aduna
sacro laurel y diamantina palma,
copia en su frente palidez de luna
en su conciencia sol; y tiene una
santa resignación dentro del alma!

¡Oh fogueado viandante nazareno
que sale del dolor, como va al limbo
pródigo brote de dulzores lleno!...
¡Lleva el cielo en el alma porque es bueno
y en la pálida sien le tiembla un nimbo!

Más tarde en 1927 escribirá sentido poema el día del maestro dedicado a los Maestros olvidados, y de continuo hará amorosos elogios a quienes consagran su vida a enseñar a los demás. Su capacidad magisterial se fortalecía con su inmensa cualidad de conversador.

Valle era un hombre que hacía de la conversación un arte y deleitando enseñaba. Fue un cultor de la conversación penetrante, aguda, oportuna en la que se traslucía su lúcido amoroso sentido de la vida y de cuanto lo rodeaba.

La mezquindad humana le tocó en varias ocasiones, la maldad, la envidia, el egoísmo ajeno le hirieron muchas veces, más fiel a sus ideales, lleno de bondad, amante de la verdad, del bien y la belleza superó la ruin maledicencia e impuso sus virtudes. Su constancia en el trabajo, su producción fecunda y rica, su magnífica condición humana superó la vileza de los miserables incapaces de sentir o hacer algo bueno o noble o bello. Con el peso de los años, los últimos infortunios que hieren siempre a los hombres valiosos, le desplomaron, pero toda su vida dio muestra de gran integridad espiritual de un afán por la vida llena de alegría y de luz, de bondad repetida mil y mil veces sin importarle la ingratitud de quienes había beneficiado. El beneficio era para él acción benéfica agradable por el placer que le proporcionaba y porque hacía partícipe a los demás de la idea de bondad, valor supremo que él estimaba sobradamente.

Aún olvidándose de sí mismo auxiliaba a quien veía urgido de apoyo. La amistad era en Valle, como en Cicerón, perfecto acuerdo de todo lo humano y lo divino, unido a un amor entrañable y lleno de estima, sostenido todo ello en eternos valores. Si el magisterio fue su auténtica vocación, una de las formas mejores por amplias y eficaces en la enseñanza fue el periodismo, y Valle fue excelente periodista y uno de los renovadores más eficaces del periodismo mexicano.

Su labor en los diarios fue de altura, distinguida por cuanto lo que él transmitía por todos los puntos del planeta era cultura, información en torno de los acontecimientos civilizadores más importantes. Nunca cultivó el amarillismo despreciable ni medró con procedimientos mercantilistas o aun gansteriles como se acostumbra, sino que sus colaboraciones en la prensa de toda Hispanoamérica, escritas con donosura, talento, agilidad y penetración le depararon el aprecio continental al grado que mereció recibir el premio Marie Moors Cabot y el Serra que se otorga a la obra periodística e histórica más amplia, sostenida y valiosa.

Por su incansable y meritoria actividad periodística, Alfonso Reyes dijo de él: "Torre de señales atenta y sensible a toda las vibraciones de la actividad intelectual de Latinoamérica, un San Sebastián acribillado de flechas partidas de todos nuestros horizontes". ¿Cuántos artículos y en cuántas publicaciones colaboró Valle?

Emilia Romero, que con amor y lealtad de Penélope trató de conocer la voluminosa urdimbre de esa labor, señala que fueron más de doscientos cincuenta periódicos y revistas, los que a través de años recogieron más de veinticinco mil artículos y colaboraciones salidas de su pluma. Ella misma reunió parte de los anagramas y seudónimos con que signaba sus escritos.

"Su pluma honrada, su mensaje teñido de elevación poética —escribe Arnaiz y Freg— lo convirtieron en un vigoroso vínculo entre los pueblos hispanoamericanos", y Salvador Azuela le recuerda portando con su brazo lisiado enorme portafolio del que extraía, libros, documentos, revistas guardadas con las cuartillas que escribía a vuelapluma, siempre oportunas, justas, precisas.

Si se ha dicho que Lope escribía una comedia mientras almorzaba, Valle redactaba un artículo en el trayecto del tranvía que a diario tomaba para ir de San Pedro de los Pinos —calle 25, número 62 en donde vivió largos años y en donde murió— a la redacción de Excélsior o a sus cátedras en la Preparatoria.

Con su lúcida inteligencia, galanura y justeza en el decir, aireó nuestra prensa. Sus editoriales consagrados a señalar los aportes históricos o literarios más salientes, sus comentarios sobre obras y autores, a los que juzgaba veraz y positivamente, fueron siempre eficaces por el tino y el buen juicio que contenían, por el aliento positivo y optimista que infundían y por la censura correcta, atinada y afable que dirigía.

Sus comentarios sobre libros no eran apresurados ni superficiales, no lo hacía con las solapas de los libros como tantos reseñadores, sino que eran producto de una perfecta y lúcida comprensión de la obra. Páginas chispeantes como "Cosmópolis", llenas de gracia, abundaban en inteligente ironía, en fina capacidad de informar gustosa y deleitosamente. Con esa sección puso las bases de un periodismo ágil, rápido en informar, pero sano y eficaz, que muchos seguidores posteriores falsificaron y desviaron hacia el mercantilismo, la cursilería o el chisme, Valle, desde sus tiernos años mostró su inclinación poética y de él tenemos poemas escritos al final de su niñez y en plena adolescencia.

Los que más tarde se recogieron en La rosa intemporal signados en 1908 revelan ya una severa madurez, una sensibilidad poética notable, que fue con el tiempo acrecentándose. Creció y maduró influido por poderosas corrientes poéticas y aun cuando esas diversas formas de expresión lírica que fueron el clasicismo, el romanticismo, el modernismo y el ultramodernismo le afectaron, su voz conservése singular. Se enriqueció con esencias y valores de los liróforos más distinguidos, pero preservó su peculiar sentido, su aliento vital propio y auténtico.

Por ello Enrique González Martínez al comentar el libro Contigo en 1943 escribió: "Poeta conocía a Valle y lo vuelvo a encontrar en este libro de sus más recientes emociones. Con estos poemas de hoy, muestra que no es el viajero inadvertido que recorre su senda sin parar mientes en las amorosas solicitaciones del paisaje, sino el peregrino que atiende a toda voz y a toda forma para guardarlas celosamente, en espera de transmutarlas en canción. Este libro de madurez, hora de las creaciones definitivas, momento en que lo retórico y lo puramente literario ceden el paso a la emoción humana y sin afeites, nos da lo más noble del espíritu de Valle; forma pura, sensibilidad honda, visiones convertidas en estados de alma, músicas en que el dolor y la alegría pone su nota de arte sincero y de vida profunda. La forma gallarda, plenamente dominada por el poeta, y el verso limpio, hacen lo demás...".

Sus libros de poesía que muestran, como él decía, su anhelo de liberarse de las cadenas del dolor y de la muerte, fueron apareciendo poco a poco.

En 1911 publicó El rosal del ermitaño, que remozó y amplió en 1940. En 1913 surgió, Como la luz del día; Ánfora sedienta en 1922, la cual mereció cálido y desbordado comentario de José Santos Chocano; El espejo historial se editó en 1937; Contigo en 1943; La sandalia de fuego en 1952; Poemas en 1954; muchos otros no recogidos en libros y los posteriores a 1954 y hasta 1957, los reunió para publicarlos Emilia Romero. Parte de ellos los incorporó en La rosa intemporal. Si su delicada sensibilidad se volcó en la poesía, su angustioso deseo de saber, lo centró en la historia.

Ansioso de conocimiento, Valle continuaba la tradición enciclopedista americana.

—¿Qué no quiere reunir o qué no quiere saber Valle? —preguntaba cierto día Luis Chávez Orozco.

Eso era verdad. Su deseo de conocimiento era inmenso y por ello se volcó en mil direcciones, pero sin malograrse sino dejando en todas las que emprendía la impronta de su inteligencia y saber. Dedicado a enseñar e informar que es también enseñar, Valle, que poesía gigantesca capacidad de estudio y de trabajo, trató de profundizar en numerosos aspectos. Por sí solo, en un principio y sin más guía que su juicioso raciocinio, su honestidad intelectual y su anhelante sed de saber, se consagró a numerosas disciplinas.

La bibliografía, cuya utilidad apreció dentro de un medio desorganizado y carente de medios de información, le debe numerosos trabajos. En varias revistas especializadas, él puso los cimientos de macizas secciones. La Revista de Historia de América, el Boletín Bibliográfico de Antropología Americana, por citar unos cuantos iniciaron sus ricos apartados bibliográficos con la colaboración de Valle. La Bibliografía Maya, reunida en 1941 en un libro separado trató de contener por vez primera cuanto se conocía y producía acerca de esa cultura.

La primera información bibliográfica histórica americana de amplio alcance también se debió a él, que la inició en la Revista de Historia de América. Dentro de este campo publicó la Bibliografía de José Cecilio del Valle (1934), su ilustre coterráneo; La Cirugía Mexicana del siglo XIX (1942); Bibliografía del periodismo en la América española (1924); Bibliografía de Rafael Landívar (1953);

Bibliografía de Sebastián de Aparicio (1954) y en las series bibliográficas de la Secretaría de Relaciones Exteriores imprimió la Bibliografía de Ignacio Manuel Altamirano.

Más tarde preparó, junto ya con Emilia Romero, la Bibliografía Cervantina. De esta obra, Emilia preparaba una segunda edición muy ampliada que esperamos poder ver publicada en breve. A él se debió también una desaparecida Bibliografía de Justo Sierra. Muchos trabajos de esta naturaleza, reveladores de sus conocimientos y dedicación, muestran su polifacética labor.

Como investigador, la historia mexicana e iberoamericana le son deudores de nutridas colecciones documentales, seleccionadas con espíritu ecuánime, limpio y honesto, como lo son los seis volúmenes de La Anexión de Centroamérica a México, y las Cartas de Bentham a José Cecilio del Valle (1942); Páginas olvidadas de Martí (1953) y Bolívar en México, 1799-1832 (1946).

Más importantes aún son sus penetrantes lúcidos y hermosos trabajos históricos entre los que descuellan: Cómo era Iturbide (1922) completado más tarde por Iturbide varón de Dios (1944); Fray Bartolomé de las Casas (1926): Para una biografía de Hernán Cortés (1935); El espejo historial, historia y poemas históricos (1937); Tres pensadores de América: Bolívar, Bello, Martí (1946); Santiago en América (1946), John Lloyd Sthepens y su libro extraordinario (1948); Cristóbal de Olid, conquistador de México y Honduras (1947 y 1950); El convento de Tepotzotlán (1955); Jesuitas de Tepotzotlán (1955); Historias de las ideas contemporáneas en Centroamérica (1960) y muchas otras más que no podemos mencionar en esta recordación.

Todas ellas representan una visión honrada de su pensamiento de historiador. Ajustado a su circunstancia e impulsado por las corrientes de su época, dejó en sus ensayos un testimonio lúcido, honesto y desinteresado.

Enriqueció la historiografía americana abundantemente, tuvo conciencia de los problemas históricos que agitábanse en su época, vislumbró caminos y senderos que mostró a cuantos nos enriquecimos con su palabra sabia y cordial, atisbó aspectos insospechados en aquel entonces y que hoy se cultivan con esmero, como son la historia de los sentimientos, la historia de la cultura y las ideas, entre otras las estéticas y las sociales.

Para Valle fue una realidad la afirmación clásica de "Nada de lo que es humano me es ajeno". Sus lecciones en las que aprendíamos lo mismo la influencia del pensamiento jurídico-político de Bentham, como la historia del sentimiento o la sociología religiosa hispanoamericana o la historia del gusto a través de la evolución de la culinaria, eran el reflejo de lo mucho que sabía y de cómo su creativa imaginación se desbordaba en una obra que trataba por inmensa e inacabable, de trasladar a sus discípulos para que la continuaran.

Sapiente, sereno, no era el tipo acartonado del erudito egoísta de su saber reacio al cultivo de la amistad, sino que desparramaba bondad y atención a todo el mundo, orientaba alegremente y enseñaba casi jugando, sonriendo, pues tenía la sonrisa a flor de piel y la palabra amable y sincera presta a dispararse. Largos años pasó entre nosotros.

En los últimos tiempos, llamado por su país natal a cumplir difícil e ingrata misión se ausentó temporalmente, pero su corazón que había dejado aquí le hizo volver en 1955. Venía destrozado nerviosa y moralmente, sin embargo, lleno de ánimo pudo reanudar en parte sus actividades apoyado espiritual y materialmente en Emilia Romero.

El 29 de junio de 1959, rodeado de sus libros, su esposa y amigos, falleció en su casa de San Pedro de los Pinos, donde trabajó tanto y en donde su recuerdo perdura.

Emilia Romero, relevante limeña, dama ilustre de espíritu, de intelecto y de origen fue la compañera ideal de Rafael Heliodoro Valle.

Poseedora de maciza cultura, mente despejada y extraordinariamente organizada, exquisita sensibilidad y un señorío espiritual inigualable, señorío que le deparaba admiración de intelectual de la talla de Jorge Guillermo Leguía, y de muchos otros de igual valor intelectual, unió su vida a la de Valle y fue su esposa, su compañera, su guía, su protectora durante largos años, los más fecundos de la vida de ambos los más ricos en frutos de toda especie.

Nacida en Lima, Perú en 1901, falleció en la ciudad de México el 12 de diciembre de 1968. Esposa ejemplar, vivió entregada totalmente a Valle a quien admiraba. Su lugar fue el de una compañera excepcional, de comprensiva esposa, de colaboradora inigualable y de perenne fuente de inspiración como reveló él en sus poemas y en toda su obra.

Como Valle era un amplio torrente que desbordaba por donde corría, a Doña Emilia correspondió encauzarlo, dirigirlo, hacer que la impetuosa sabiduría de su caudal se volcara ordenada y oportunamente. De cultura nada común e inteligencia superior, a ella débense notables obras que llenarían de orgullo a todo intelectual. Sin embargo, dotada de una modestia excepcional y deslumbrada por la actividad intensa de su esposo, sacrificó mucha de su labor personal en beneficio de la de él.

¡A muy contados hombres se otorga el don de encontrar una mujer que admire realmente su trabajo y que más de inspirarle, participe en las tareas comunes entregándose íntegramente a esa excepcional unión espiritual, como la existente entre los Valle!

¡Pocas mujeres hemos conocido como ésta tan noble e inteligente, tan extraordinariamente apasionada por su propia obra y la de su esposo!

Cuando Rafael Heliodoro Valle falleció, Emilia consagró su vida entera, noche y día a formar la inconmensurable bibliografía de aquel, a reunir su obra dispersa, a publicarla. Sacrificó cuanto una mujer hubiera deseado, el descanso, la comodidad, el confort, por llevar a buen término su anhelo de salvar la obra de Valle.

Rodeada de sus papeles, entre ellos la encontrábamos siempre, y entre ellos murió. Pruebas evidentes de su saber, de su sutil sensibilidad, de su vocación no sólo de musa sino de escritora penetrante, de fina y paciente investigadora dejó en numerosos trabajos: las biografías que dedicó a Fray Melchor de Talamantes (1962), la mejor que sobre ese insigne pensador político se haya escrito, así como la referente a Corpancho, un amigo de México (1949) en la que estudió la valerosa y honesta conducta del Embajador del Perú en México en la época de la intervención francesa.

De su afición por las letras y su conocimiento de la música derivan El romance tradicional en el Perú (1952) y Juegos del antiguo Perú. Preocupada estuvo al igual que Valle por rescatar las fuentes indispensables a la investigación, preocupación que motivó el Índice de los documentos de Odriozola (1946), el Contrapunto Darío-Chocano (1966); Los seudónimos de Rafael Heliodoro Valle (1965). En unión de Valle publicó la Bibliografía Cervantina en la América Española (1950) y en colaboración con Fernando Romero el Probable itinerario de los tres primeros viajes marítimos para la conquista del Perú.

Con ecuanimidad singular, sin alardes de feminismo sensacionalista ni liberador escribió Mujeres de América (1948) y con ejemplar dedicación elaboró su Diccionario de escritores peruanos (Lima, 1966), magna obra producto de numerosos años de devota entrega. En torno a su esposo, doña Emilia, como con auténtico respeto le llamábamos, a más de publicar la antología poética La rosa intemporal (1964), editó Recuerdo a Rafael Heliodoro Valle en los cincuenta años de su vida literaria (1957) y Corona a la memoria de

Rafael Heliodoro Valle (1963), La bibliografía de Valle que terminó poco antes de morir, integrada por más de veinticinco mil papeletas, significó para ella un esfuerzo definitivo.

Noche y día trabajó duran te varios años con singular y ardiente entusiasmo por concluirla, La vida no le permitió verla impresa, pero queda en espera de serlo, como testimonio imperecedero de auténtico amor. Su producción se encuentra dispersa en numerosas publicaciones como La Prensa en Buenos Aires, El Nacional de México, el Boletín de la Biblioteca Nacional de México, el Boletín Bibliográfico de Antropología Americana, el Boletín del Instituto Caro y Cuervo, de Bogotá: Fénix de Lima, Perú; Historia Mexicana, la Revista de Historia de América y muchas más. Conocedora de varios idiomas hizo magníficas versiones del inglés y del francés. Gran señora, ostentó calidad de Embajadora no sólo de Perú y Honduras sino de la cultura de cuantos países visitara, más sus extremas complacencias radicaron en el trabajo cotidiano en el que encontraba los mayores estímulos y en el cultivo generoso de la amistad, con selecto grupo a quien siempre irradió los tesoros de su bondad.

Con desprendimiento inigualable, quiso al término de su vida, pródiga en frutos espléndidos de su espíritu y noble corazón, consagrar sus bienes y los de Rafael Heliodoro Valle a crear un fondo denominado Rafael Heliodoro Valle, destinado a becar estudiantes sobresalientes en el campo de las humanidades y a premiar anualmente los trabajos de investigación histórica y literaria más destacados en América.

Su rica biblioteca y su abundoso archivo los legó a la Biblioteca Nacional de México. Clasificados, catalogados y debidamente organizados, formarán un fondo especial que a más de enriquecer el patrimonio bibliográfico de México, servirán a los estudiosos de todo el mundo para proseguir investigaciones en torno de la literatura y de la historia hispanoamericana. La Universidad Nacional de México, al recibir ese legado de uno de sus más ameritados maestros, de un ilustre hombre de América, gloria de su país natal y de México, y de una ilustre escritora, ratifica el lema que ostenta, pues el espíritu de América encarna en seres salientes de nuestros pueblos de nuestras razas. Orgullosa se muestra nuestra Universidad por haber sido escogida para recibir esa preciosa herencia espiritual que los libros representan.

Libro: Mexicanos ilustres. Tomo II, Editorial Jus; México, Distrito Federal, 1979.

CONTENIDO

PREÁMBULO 5

BIBLIOGRAFÍA DE CRISTÓBAL DE OLID 9

DE ANDALUCÍA A CUBA.................................... 11

EN TIERRA DE CUBA.................................... 15

LA EXPEDICIÓN A MÉXICO.................................... 19

LA CONQUISTA DE MICHOACÁN 43

EL VIAJE A HONDURAS LA AVENTURA DE GIL GONZALEZ DÁVILA.................................... 53

LA TRAGEDIA DE NACO 77

APÉNDICE................................... 95

RAFAEL HELIODORO VALLE: A CIEN AÑOS DE SU NACIMIENTO **POR SARA ROLLA**................................... 97

AMÉRICA EN LOS TIEMPOS DE RAFAEL HELIODORO VALLE **POR MARCOS CARÍAS**................................... 103

RAFAEL HELIODORO VALLE Y EMILIA ROMERO DE VALLE **POR ERNESTO DE LA TORRE VILLA** 133